移动电子商务应用研究

曹云明 著

中国商业出版社

图书在版编目（CIP）数据

移动电子商务应用研究／曹云明著. -- 北京：中国商业出版社，2023.9
ISBN 978-7-5208-2631-0

Ⅰ.①移… Ⅱ.①曹… Ⅲ.①移动电子商务–研究 Ⅳ.①F713.36

中国国家版本馆CIP数据核字（2023）第176129号

责任编辑：滕 耘

中国商业出版社出版发行
（www.zgsycb.com 100053 北京广安门内报国寺1号）
总编室：010-63180647　编辑室：010-83118925
发行部：010-83120835/8286
新华书店经销
济南圣德宝印业有限公司印刷

*

710毫米×1000毫米　16开　10.75印张　210千字
2023年9月第1版　2023年9月第1次印刷
定价：60.00元

* * * *

（如有印装质量问题可更换）

前 言

移动电子商务由电子商务的概念衍生而来，代表了新一代电子商务的发展方向。随着4G、5G网络的大规模建设，移动电子商务所承载的应用得到了蓬勃发展，已经成为一个标志性的时代特征。

移动电子商务的理论、技术和应用在不断地发展变化，到底什么是移动电子商务？不少专家和学者自"移动电子商务"这个名词出现之时就开始了对它的跟踪调查和研究。以技术为基础所创造的商务应用，从信息沟通开始，到信息沟通结束，完全商务自由的一种完美状态，离我们还有多远？正是这样一种状态使人类对移动电子商务的未来充满了憧憬。可以说，不管是对移动电子商务技术支撑层面的研发、基础设施的建设，还是应用层面的商业模式的探索及市场推广，人类已经开始了大规模的活动。移动电子商务及其应用涉及人们的经济生活、文化旅游、教育娱乐等诸多领域，影响着个人和企事业单位的各项活动，对人们的工作方式、生活方式及商业交往关系等都产生了不同于传统商务的影响。

本书在参考国内外有关移动电子商务内容的基础上，从移动电子商务应用实践的角度写了本书，包括移动电子商务概述、移动电子商务在购物领域、金融领域、医疗领域、教育领域、旅游领域和游戏领域的相关应用。

本书在写作过程中着重突出以下三个特点。一是涵盖了移动电子商务的基础理论、基础知识和基本应用的介绍，使读者可以紧密联系理论与实际，做到学以致用、寓教于用。二是紧跟移动电子商务及应用领域的新动态和发展趋势，引导读者把握时代脉搏、紧跟社会发展，进一步创造出更加新颖的移动电子商务模式和应用，前瞻性地考虑在今后的工作和实践中如何更好地运用移动电子商务理论和技术。三是涵盖了移动电子商务的诸多领域，所提供的理论、应用及其技术基础等学习和参考材料涉及移动电子商务的理论基础、移动电子商务应用领域、案例介绍以及相关基础性技术知识和方法。

随着移动通信技术的飞速发展，人们对移动电子商务的研究与认识还将不断深入，促使移动电子商务的应用处于不断的发展变化和完善中。本书借鉴、参考了国内外众多学者的观点与理论，由于种种原因可能没办法一一列出，在此对所有人表示由衷的感谢。由于笔者学识和时间有限，书中难免存在谬误，恳请广大读者批评指正。

目 录

第一章 移动电子商务概述 ··· 1
第一节 移动电子商务的概念、特点与类型 ································· 1
第二节 移动电子商务的技术支持 ·· 5
第三节 移动电子商务的发展历程与发展趋势 ····························· 8

第二章 移动电子商务在购物领域的应用 ······································· 12
第一节 移动购物概述 ··· 12
第二节 移动电子商务新形势——网络直播购物分析 ···················· 14

第三章 移动电子商务在金融领域的应用 ······································· 25
第一节 移动金融概述 ··· 25
第二节 移动金融的商业模式与平台 ··· 29
第三节 移动支付的应用 ·· 46
第四节 移动银行的应用 ·· 53

第四章 移动电子商务在医疗领域的应用 ······································· 62
第一节 移动医疗概述 ··· 62
第二节 移动医疗系统管理 ·· 67
第三节 移动医疗在不同医疗服务中的应用分析 ·························· 88

第五章　移动电子商务在教育领域的应用 …………………… 96

第一节　移动教育概述 ……………………………………… 96
第二节　移动教育平台的设计 ……………………………… 98
第三节　移动教育的具体应用案例 ………………………… 103

第六章　移动电子商务在旅游领域的应用 …………………… 112

第一节　移动旅游电子商务概述 …………………………… 112
第二节　移动旅游电子商务的应用环节 …………………… 114
第三节　移动旅游电子商务平台的生态系统优化 ………… 129
第四节　移动电子商务对旅游产业链的重构分析 ………… 132

第七章　移动电子商务在游戏领域的应用 …………………… 143

第一节　移动游戏概述 ……………………………………… 143
第二节　移动游戏的商业模式分析 ………………………… 149
第三节　移动游戏发展中存在的问题与建议 ……………… 159

参考文献 ………………………………………………………… 161

第一章 移动电子商务概述

在互联网快速发展，尤其是移动互联网发展的推动下，消费者时间与空间的碎片化特征更加显著。移动电子商务迎合了消费者突破时空限制的需求，市场规模正愈加庞大。本章是对移动电子商务的概述，内容包括移动电子商务的概念、特点与类型，移动电子商务的技术支持，以及移动电子商务的发展历程与发展趋势。

第一节 移动电子商务的概念、特点与类型

移动商务（Mobile Business，MB；或 Mobile-Commerce，MC），也称移动电子商务，从网络视角还可称为无线电子商务（Wireless Business，WB），即在无线平台上实现的电子商务。从互联网电子商务的角度来看，移动电子商务是电子商务的一个新的分支，但是从应用角度来看，它的发展是对有线电子商务的整合与扩展，是电子商务发展的新形态，是传统电子商务的升华和蜕变，是超越和覆盖传统电子商务的一种新的电子商务。

一、移动电子商务的概念

移动电子商务是通过手机、PDA（Personal Digital Assistant，个人数字助理或掌上电脑）等移动通信设备与互联网有机结合进行的电子商务活动。它是移动通信技术和电子商务技术的有机统一体。移动电子商务因其灵活、简单和方便等优势，已经成为电子商务发展的新方向。移动通信技术和其他技术的完美组合创造了移动电子商务，但真正推动市场发展的却是服务。目前而言，移动电子商务能提供以下服务：个人信息管理（Personal Information Management，

PIM）服务、银行业务、交易、购物、基于位置的服务（Location Based Services，LBS）、娱乐等。

移动电子商务从本质上说归属于电子商务，它依靠移动通信技术推动其产生和形成，是适应市场发展与变化而出现的新型商务模式。与传统的电子商务相比，移动电子商务在位置相关性、紧急性和随时随地访问三个方面具有优势，可以更充分地实现移动网络下电子商务独特的价值。移动电子商务还涉及从"供"到"需"的社会生产的各个环节。移动电子商务一方面可以在信息共享的前提下降低经营成本；另一方面还可以加速资金周转，从而从整体上加快企业的市场适应能力，提高企业的管理服务水平。可以说，移动电子商务是未来经济发展的大势所趋。

与通过电脑平台开展的传统电子商务相比，移动电子商务拥有更为广泛的用户基础，因此具有更为广阔的市场前景。据统计，截至2020年10月，世界总人口达78.1亿，全球使用手机的人数有52亿，全球网民达到46.6亿。[①] 2023年3月，中国互联网络信息中心（CNNIC）发布的第51次《中国互联网络发展状况统计报告》显示，截至2022年12月，我国网民规模达10.67亿。数据分析机构Newzoo数据表明，截至2022年3月，我国智能手机网民规模已达9.5亿。预计到2025年，全球移动互联网用户总数将达到50亿。[②] 不远的将来，更多的电子商务交易将通过移动通信设备来完成，更大量的数据业务通过移动通信设备来传输。利用移动终端，能够获得营销和销售信息、接收订货信息、作出购买决策、支付款项、获得服务或产品，最后接受所需的客户支持。

总之，移动电子商务是指利用移动通信设备与互联网有机结合，在任何地方、任何时间进行电子商务活动。移动电子商务正在成为世界经济正常运作的基础之一。移动电子商务已经不是一种时髦，而是一种生存和职业需求。

二、移动电子商务的特点

与传统电子商务相比，移动电子商务具有许多特点。总的来说，其特点主要体现在以下几点。

[①] 国家广播电视总局发展研究中心，华夏微影文化传媒中心. 中国微电影短视频发展报告（2020）[M]. 北京：中国广播影视出版社，2021：245.

[②] 牛少彰，童小海，韩藤跃. 移动互联网安全[M]. 北京：机械工业出版社，2020：1.

（一）全天候

个人移动终端，如手机便于人们携带，可随时与人们相伴；移动网络不受时间和地点的限制，具有无时不在、无处不在的特点，故移动电子商务具有全天候的特点。这将使得用户更有效地利用空余时间来从事商业活动。移动用户可以在旅行途中通过联网的移动设备来从事商业活动，如商务洽谈、下订单等，真正解决了用户在任何地方、任何时间都能进行交易的问题。

（二）个性化

个人移动终端的身份固定，能够向用户提供个性化移动交易服务。开展具有个性化的移动电子商务服务活动，要依赖于包含大量活跃用户和潜在用户信息的数据库。数据库通常包含了用户的个人信息，如喜爱的体育活动、喜欢听的歌曲、生日信息、职业信息、收入状况、前期购买行为等。它能完全根据用户的个性化需求和喜好定制，设备的选择以及提供服务与信息的方式完全由用户自己把控。移动电子商务将用户和商家紧密联系起来，而且这种联系将不受计算机或连接线的限制，使电子商务的方式更加灵活。

（三）便捷性

移动电子商务通过可以随身携带的移动终端实现。个人移动终端操作简单、响应时间短，可一键上网，支付灵活，较传统网络更为便捷。用户可以根据不同情况通过多种方式进行付费，如可使用通信账户支付、手机银行支付或者第三方支付工具支付等。此外，用户不必总是坐在电脑前，不仅可以在移动状态下，也可以在旅行、开会、社交等场合进行商务活动，如通过移动即时通信软件、手机邮箱等传递信息，提高了人们的效率。

（四）开放性

移动电子商务由于接入方式的无线化，使得任何人都更容易进入网络世界，从而使网络范围更广阔、更开放，网络虚拟功能更具现实性。从电脑和手机的普及程度来看，手机远远超过了电脑。而从消费用户群体来看，手机用户中基本包含了消费能力较强的中高端用户，而传统的上网用户中以消费能力一般的年轻人为主。由此不难看出，以手机为载体的移动电子商务无论在用户规模，还是在用户的消费能力上，都优于传统的电子商务。

（五）支付安全性

个人移动终端，如手机作为个人移动通信工具，可以通过身份认证等制度避免虚假信息，最大限度地提高了交易的安全性，这也使得移动电子商务交易能够更加安全、可靠。

（六）营销精准性

对于移动电子商务企业，用户对于个人移动终端的随身携带性和较高的使用黏性使得企业可以更加精准地对目标客户进行营销推广和服务关怀。

三、移动电子商务的类型

（一）按照移动电子商务提供的商品与服务分类

按照移动电子商务提供的商品与服务的不同，可以将其分为虚拟商品移动电子商务和实体商品移动电子商务两个部分。虚拟商品移动电子商务主要是依附于各运营商旗下的服务提供商，如各种收费服务、游戏下载或其他资讯类业务。实体商品移动电子商务部分，目前国内主要有淘宝、京东等商城在涉足这一领域。

（二）按照移动电子商务的应用方式分类

按移动电子商务的应用方式，可以将其分为远程移动电子商务和近场移动电子商务两种。

1. 远程移动电子商务

移动电子商务中的远程电子商务是指传统电商由主要客户在电脑端购物的销售方式自然转化为主要客户在移动终端购物的销售方式。对于消费者而言，远程电子商务的购物方式是对传统电子商务购物方式的延伸，它与传统电子商务购物的品类可完全重合，差异之处在于购物终端的不同与购物应用软件的不同。传统电子商务是通过浏览器购物，远程移动电子商务是通过电子商务网站推出的 App（Application Program，应用程序）购物。

2. 近场移动电子商务

移动电子商务中的近场电子商务是在移动支付中的近场支付与 O2O（Online to Offline，线上到线下）中的本地化服务共同发展下衍生出来的一个便于理解的概念。近场移动电子商务就是指通过移动终端选择本地化服务的消费场所，最后可以通过近场支付进行消费的移动电子商务形式。

第二节　移动电子商务的技术支持

一、无线应用协议

无线应用协议（Wireless Application Protocol，WAP）是开展移动电子商务的核心技术之一。通过 WAP，手机可以随时随地、方便快捷地接入互联网，真正实现不受时间和地域约束的移动电子商务。WAP 是一种通信协议，它的提出和发展是基于在移动中接入 Internet 的需要。WAP 提供了一套开放、统一的技术平台，用户使用移动设备很容易访问和获取以统一的内容格式表示的 Internet 或企业内部网信息和各种服务。它定义了一套软硬件的接口，可以使人们像使用 PC 机一样使用移动电话收发电子邮件以及浏览 Internet。同时，WAP 提供了一种应用开发和运行环境。

二、移动 IP 技术

移动 IP（Internet Protocol，网际互联协议）技术通过在网络层改变 IP 协议，从而实现移动计算机在异质网络间的无缝漫游。移动 IP 技术使得节点在从一条链路切换到另一条链路上时无须改变它的 IP 地址，也不必中断正在进行的通信。移动 IP 技术在一定程度上能够很好地支持移动电子商务的应用，但是目前它也面临一些问题，比如移动 IP 的主机安全性和功耗问题等。

移动电话（手机）正迅速从无线电话演变为令人信赖的个人工具（Personal Trusted Device，PTD），能处理大量不同的新业务和应用，包括银行业务、支付、票务和安全接入。PTD 还将提供用户验证机制，用于数据安全存储加密算法处理以及证书和交易数据库。PTD 能连接现实世界和虚拟世界，因此能实现基于个人区域网络的服务。

三、蓝牙技术

蓝牙技术是由爱立信、IBM、诺基亚、英特尔和东芝共同推出的一项短程无线连接技术。该技术旨在取代有线连接，实现数字设备间的无线互联，以确保大多数常见的计算机和通信设备之间可以方便地进行通信。蓝牙技术作为一种低成本、低功率、小范围的无线通信技术，可以使移动电话、个人计算机、个人数字助理、便携式电脑、打印机及其他计算机设备在短距离内无须线缆而进行通信。蓝牙技术支持64 kb/s实时话音传输和数据传输[1]，传输距离为10~100 m[2]。其组网时必须遵从主从关系，即一对设备之间进行蓝牙通信时，必须以一个为主角色，另一个为从角色。

四、通用分组无线服务技术

在传统的全球移动通信系统（Global System for Mobil Communication，GSM）中，用户除通话以外最高只能以9.6 kb/s的传输速率进行数据通信[3]，如Fax、E-mail、FTP（File Transfer Protocol，文件传输协议）等，但这种速率只能用于传送文本和静态图像，无法满足传送音频、视频等多媒体信息的需求。通用分组无线服务（General Packet Radio Service，GPRS）技术突破了GSM只能提供电路交换的思维定式，将分组交换模式引入GSM网络中。它通过增加相应的功能实体和对现有的基站系统进行部分改造来实现分组交换，从而提高资源的利用率。GPRS能快速建立连接，适用于频繁传送小数据量业务或非频繁传送大数据量业务。GPRS属于第二代移动通信中的数据传输技术。由于GPRS是基于分组交换的，用户可以保持永远在线。GPRS业务能为移动用户提供高达115 kb/s的数据传输速率。3G及以后，无线通信产品可以为人们提供高速率的宽带多媒体业务，支持高质量的话音、分组数据、多媒体业务和多用户速率通信，逐渐改变了人们的通信和生活方式。

---

[1] 邵欣，刘继伟，曹鹏飞. 物联网技术及应用［M］. 北京：北京航空航天大学出版社，2018：105.
[2] 刘姝辰. 计算机网络技术研究［M］. 北京：中国商务出版社，2019：87.
[3] 李宏升. 现代通信理论与技术研究［M］. 天津：天津科学技术出版社，2019：74.

五、移动定位技术

移动电子商务的主要应用领域之一就是基于位置的服务,如它能够向旅游者和外出办公的公司员工提供当地新闻、天气及旅馆等信息。这项技术将会为本地旅游业、零售业和餐饮业的发展带来巨大商机。

在无线互联应用中,基于位置的服务应用范围极为广阔,可以与诸多应用结合起来,而移动商务不仅具备普通电子商务的各项功能,更为重要的是具有个性化、移动性、普及性和使用方便等特性。

移动互联网业务可以从个性化、时效性和位置相关这三个能为终端用户增加信息附加值的主要因素上获利。这样就凸显了位置信息的价值,因为大多数业务都可以通过上述三个"价值增值器"增值。将三个增值器结合在一起通常还可以实现更高的服务价值。

六、第三、四、五代移动通信技术

经过2G发展到3G之后,无线通信产品为人们提供了速率可达2Mb/s的宽带多媒体业务,支持高质量的话音、分组数据、多媒体业务和多用户速率通信,逐步改变人们的通信和生活方式。3G作为宽带移动通信,将手机变为集语音、图像、数据传输等诸多应用于一体的未来通信终端。这进一步促进了全方位的移动电子商务得以实现和广泛地开展,如实时视频播放。

4G是集3G与WLAN(无线局域网)技术于一体,能够传输与高清晰度电视相媲美的高质量视频图像,几乎能够满足所有层次和类别的用户对于无线通信服务的要求。运用4G技术,用户可以收看高清晰、多频道电视,并遥控家中的电器。

5G是最新一代蜂窝移动通信技术,是4G、3G和2G系统后的延伸。5G的数据传输速率最高可达到10G bit/s,比4G网络快100倍[1],网络延迟较低,具有更快的响应时间。5G网络不仅能为手机提供服务,还能成为一般性的家庭和办公网络提供商,与有线网络提供商竞争。5G区别于前几代移动通信技术的关键,是移动通信从以技术为中心逐步转变为以用户为中心,也就是5G可以真正做到以用户为中心,用户不用关心自己所处的网络,不用再通过手动连接到

---

[1] 刘音,王志海. 计算机应用基础[M]. 北京:北京邮电大学出版社,2020:153.

Wi-Fi 网络等，系统会自动根据现场网络质量情况连接到体验最佳的网络之中，真正实现无缝切换，为用户带来更为丰富的体验。5G 技术还能运用于车联网与自动驾驶技术、远程外科手术和智能电网等先进的信息化技术中，为人类带来一场技术性的革命。

第三节　移动电子商务的发展历程与发展趋势

一、移动电子商务的发展历程

移动电子商务的发展从通信技术角度来看，可以分为五个阶段。

（一）第一阶段

第一阶段的移动电子商务系统以短信为基础，存在较多缺陷，其中最严重的问题是实时性较差，查询请求不会立即得到响应。此外，短信信息长度的限制也使得一些查询无法得到完整的答案。这些令用户难以忍受的严重问题也导致一些早期使用基于短信的移动电子商务系统的部门对于升级和改造现有系统的需求非常迫切。

（二）第二阶段

第二阶段的移动电子商务系统采用了基于无线应用协议技术的方式，手机主要通过浏览器的方式来访问 WAP 网页，以实现信息的查询，解决了第一代移动访问技术的部分问题。而第二代移动访问技术的缺陷主要表现在 WAP 网页访问的交互能力极差，因此极大地限制了移动电子商务系统的灵活性和方便性。此外，对于安全性要求极为严格的政务系统来说，WAP 网页访问的安全问题也是一个严重的问题。这些问题也使得第二代移动访问技术难以满足用户的需求。

（三）第三阶段

第三阶段的移动电子商务系统采用了基于面向服务架构（Service-Oriented Architecture，SOA）的 Web Service、智能移动终端和移动虚拟专用网络（Virtual Private Network，VPN）技术相结合的第三代移动访问和处理技术，使得系统的安全性和交互能力有了极大的提高。第三代移动电子商务系统同时融合了3G技术、智能移动终端等多种移动通信、信息处理和计算机网络的前沿技术，以专网和无线通信技术为依托，为移动电子商务用户提供了一种安全、快速的现代化移动商务办公机制。

(四) 第四阶段

第四阶段的移动电子商务系统采用了4G技术，为移动电子商务的发展奠定了坚实的基础。这一阶段的移动电子商务技术还包括无线应用协议、移动IP技术、蓝牙技术、通用分组无线业务、移动定位系统。这一阶段的移动通信系统最明显的趋势要求是高数据速率、高机动性和无缝隙漫游。

(五) 第五阶段

第五阶段的移动电子商务系统以5G技术的发展与应用为标志。国际电信联盟将5G应用场景划分为移动互联网和物联网两大类。这也意味着移动电子商务将会成为一个时代的引领者。5G技术呈现出低时延、高可靠、低功耗的特点，它已经不再是一个单一的无线接入技术，而是多种新型无线接入技术和现有无线接入技术（4G后向演进技术）的集成。在技术迅速发展、移动互联网越来越普及的环境下，这一阶段的互联网的商业业态也发生了巨大的改变，共享经济、大数据、人工智能等新产业将得到更大的发展。

二、移动电子商务的发展趋势

(一) 企业应用将成为移动电子商务领域的中心和热点

做互联网的都深有体会，面向B端（企业用户）的服务和应用是可以快速赚钱的业务，但一般来说成长性不会特别大，不会呈几何级数增长；而面向C端（个人用户）的服务和应用正好相反，虽然不能很快赚到钱，但只要业务对路，再加上点运气，就很有可能做成一笔大生意。

同理，移动电子商务的快速发展，必须是基于企业应用的成熟。企业应用的稳定性强、消费能力大，这些特点是个人用户无法比拟的。而在移动电子商务的业务范畴中，有许多类型可以让企业用户在收入和提高工作效率上得到很大帮助。企业应用的快速发展，将成为推动移动电子商务发展的最主要力量之一。

无线客户关系管理、销售管理和其他企业应用将使企业用户无论在收入还是在办公效率方面都受益匪浅。因此，移动电子商务企业应用将成为运营商宣传的重头戏，而个人应用退居次要地位。

（二）消费者使用移动设备主要是获取信息而不是进行事务处理和交易

在移动电子商务的应用中，虽然主要目的是交易，但是实际上在业务使用过程中，信息的获取对于带动交易的发生或间接引起交易是有非常大的作用的，这些信息有助于构建客户关系，并且间接创造商业机会。比如，用户可以利用手机，通过浏览器、邮件、标签读取等方式，获取股票行情、天气、旅行路线、电影、航班、音乐、游戏等各种信息，而这些信息有助于诱导用户进行电子商务的业务交易活动。因此，获取信息将成为各大移动电子商务服务商初期考虑的重点。

（三）移动设备中将集成嵌入式条形码阅读器

几乎一半的智能手机和平板电脑用户会通过扫描条形码以获得更多的信息，这也显示条形码的使用更加广泛和深入。这一功能在传统商业和网络商业之间架起一座桥梁，嵌入式条形码阅读器解决了数据输入和数据读取的问题，而这使移动电子商务迈上一个新台阶。

（四）智能手持设备的显示功能将进一步改善

分辨率较高的显示屏以及具有条形码阅读功能的移动设备会增加用户的友善性，但是狭小的显示屏、烦琐的数据输入方式和有限的显示功能依然是限制移动互联网易用性与功能性的主要障碍。对此，将来移动电子商务的智能手持设备的显示功能将会进一步改善。

（五）移动安全性将成为热点问题

由于移动电子商务依赖无线通信网络，因此安全性是移动电子商务需要重点考虑的因素。虽然与基于个人计算机终端的传统电子商务相比，移动电子商务终端的运算能力和存储容量稍显不足，但其使用过程中的数据安全性和网络安全性更加让人关注。随着采用移动设备进行数据共享以及移动设备功能的不断增多,这种安全性顾虑将更加突出。

(六) 移动设备将多种功能集于一身

随着终端技术的发展和用户需求的不断增多,移动设备的功能将越来越强大,而且考虑人性化设计的方面也越来越全面,如显示屏比过去有了很大的进步,而一些网上交易涉及商品图片信息显示的,可以实现更加接近传统电子商务个人计算机的界面显示。就目前来看,手机已然升级为小型个人计算机,虽然二者不会完全一致,个人计算机也不会被替代,但是手机可以实现的功能的确越来越多,对于一些移动电子商务业务的使用也更加便利,而又不失可以随身携带的优点。以后移动设备融合的趋势会愈加明显,用户只需携带一种移动设备,便可以实现以前多个设备才能实现的功能。

第二章　移动电子商务在购物领域的应用

目前移动电子商务在购物领域的应用发展迅速，虽然一些新的在线购物模式（如直播购物）存在需要改进之处，但移动电子商务让用户的在线购物更加方便、快捷，不仅让用户更加直观地获取商品信息，更是让其体验到移动电子商务给生产、生活带来的改变。本章是对移动电子商务在购物领域的应用的研究，内容包括移动购物概述、移动购物的生命周期以及对网络直播购物这一移动电子商务新形势的分析。

第一节　移动购物概述

一、移动购物的概念与特点

（一）移动购物的概念

移动购物是指利用智能手机、平板电脑、个人数字助理等移动设备，借助无线电子通信技术，在移动平台上获得信息、购买产品和服务的活动，是移动电子商务一个更高的发展层次。

（二）移动购物的特点

1. 便捷程度更高

相比传统的计算机端的网络购物，移动端的网络购物更为便捷，基本上不受时间和空间限制，消费者能随时随地浏览产品的信息，并最终作出购买决策。借助于移动网购 App，顾客可以使用手机在任何时间和任何地点利用碎片时间进行浏览、购买和社会化推荐等活动。顾客的这种随时随地性增加了顾客对产品和服务的访问量与顾客的卷入度，从而能够让顾客有更加充裕的时间去收集与理解商品的有关信息。

2. 顾客订单的转化率高

与传统的计算机购物相比，消费者在移动端主要购买衣服鞋帽、化妆品以及部分虚拟商品等。对于这类产品来说，由于其单价较低，顾客在进行购物决策时的过程相对来说比较简短，因此其订单转化率相对于传统的网购来说比较高。

3. 顾客更偏爱于简单而精练的页面内容与简单的订购过程

一方面，由于移动终端设备的屏幕相对比较小，因而商家在手机屏幕上呈现的内容有限，有些顾客对于呈现在计算机端上信息繁多的内容望而却步；另一方面，顾客更喜欢购买过程简单而安全的购物 App，它能够节省顾客的时间和精力。

4. 顾客对单一购物 App 忠诚度下降

顾客对单一购物 App 的忠诚度明显下降，移动网络购物的客户流失现象不断加剧。随着越来越多的商家不断开发移动端，拓展电子商务的新平台，国内的购物类 App 不断增加，用户的购买渠道也不断拓展。由于移动端收集信息更加容易，移动顾客的转换成本进一步降低，所以顾客对于商家的忠诚度也在不断下降。

二、移动购物的主要形式

随着智能手机的普及，电信运营商和第三方支付业务的日趋成熟，越来越多消费者开始尝试在移动客户端上购物，App 已经成为手机购物的主流应用，许多电子商务平台都推出了手机购物类 App，如淘宝、天猫、京东、拼多多等。

三、移动购物的优势

（一）操作便捷性

传统电子商务已经使人们感受到了网络所带来的便利和乐趣，但它的局限性在于台式计算机携带不便，而移动电子商务弥补了传统电子商务的这种缺陷。而且手机等移动终端体积小，可以随身携带，键盘输入也很方便。人们在公交车上或在旅途中,只要用手机登录购物网站,就可以实现随时随地无线购物了。

(二)用户规模大

2022 年 3 月,数据分析机构 Newzoo 数据表明,中国市场拥有超过 9.5 亿智能手机用户。庞大的用户规模带动移动购物欣欣向荣,网上购物商城日渐取代实体店铺成为广大手机用户的购物首选。

(三)有较好的信用认证基础

相较于传统电子商务,移动购物在用户消费信用方面拥有一定的优势。这是因为手机号码具有唯一性,手机 SIM 卡上存储的用户信息可以确定用户的身份,这样就有了信用认证基础。

(四)节省了社会资源和成本

移动购物使传统的商品交易信息化、数据化和自动化,大大节省了社会资源。而且用户可以通过手机获得及时、有用的服务信息,了解商家并参与互动,享受折扣和积分回报等实惠。与此同时,网络商家还积极进行市场营销、产品推广和形象展示,为移动手机用户提供商业服务,并可实现手机移动交易和支付,从而大大节省了用户和商家的成本。

第二节 移动电子商务新形势——网络直播购物分析

"互联网+经济"的深入发展推动了电子商务平台的兴起,网络直播购物及其衍生的网购平台、网络营销师、网红产品随之产生。网络直播购物以其及时性与互动性,排除了线下购物时间与空间的局限性等优势而逐步兴起。

一、网络直播购物的法律属性与商业模式

(一)法律属性

1. 以传统网络商业销售为基础

网络交易法律关系包括五种权利义务内容:网络交易平台为销售者、服务

者提供网络交易场所的权利义务内容，网络交易平台提供者向销售者、服务者提供发布商品或服务信息的信息流权利义务内容，消费者与网络交易平台提供者之间价金托管支付的资金流权利义务内容，销售者对消费者配送购买的商品、服务者对消费者提供服务的物流权利义务内容，网络交易平台提供者对销售者、服务者以及消费者进行交易信用评价的权利义务内容。以上五种权利义务关系构成完整的网络商业销售流程，网络直播购物之运作模式与该模式也基本相同，消费者通过直播间的链接进入平台购物，随即与平台形成价金托管支付关系并获得物流服务。可见网络直播购物通过促进交易与商品销售来获得盈利。

2. 以直播主持人网络代言为突破

网络直播购物需要直播主持人（以下简称主播）运用语言、试用感受等方式向消费者宣传产品，其承担产品的推荐义务。因此，主播的角色定位可参考《中华人民共和国广告法》第二条关于广告代言人的规定，可见主播与广告代言人的角色相近，其行为可认定为网络代言行为。

（二）商业模式

1. 品牌合作模式

这种模式是指主播与品牌所有者事先进行合作，直播将通过其"个人直播视频"或品牌本身的"官方直播视频"向观众推广品牌产品，以吸引观看者从品牌所有者那里购买产品，然后将产品的销售利润分配给现场主播，以取得或收取协议金额的报酬。这种模式在当下的网络直播中较常见，该模式往往会通过名人效应提高消费者对商品的喜好，并发挥增加曝光率和话题度的优势，以达到销售商品的目的。

2. 引导购买模式

这种模式通常是通过结合电子商务平台形成多方合作关系而形成的，这种多方合作关系是基于在线直播平台与电子商务平台之间的合作关系。在线直播平台在"个人直播视频"中预先向观看者提供商品介绍，同时提供诸如商品的详细信息及购买方法，以指导观看者在电子商务平台上购买商品。这种模式常见于跨域网络平台之间的"合作机制"，企业可以通过合作发挥各自的优势，共同开拓创新机会，实现互利共生。

3. 现场销售模式

各类平台用户通常使用这种模式，即使用个人账户或粉丝页面直接打开

"直播"功能,使用视频向观众现场销售商品。因为他们大多是小的个体卖家或小微企业,从需要多方合作、与其他公司分享利润的角度来看,该模式的利润分享机制相对简单。由于这一优势,近年来许多流动摊贩和小型实体店纷纷转型为这种现场销售的购物模式。

二、网络直播购物的优势与劣势

(一)网络直播购物的优势

1. 对商品的直观性增强

在普通购物平台购物,消费者一般都是根据商品页的图片去了解商品信息,有些商家还会提供提前录制的商品视频。这些被展示出来的信息,只是商家单方面让消费者了解的,而消费者真正想要了解的信息只能另选途径,如浏览买家评价、咨询商家客服以及咨询买过的消费者等,但所得信息也未必真实。而此时网络直播购物的出现,使这些问题迎刃而解。对于服装类商品,可以让直播间主播试穿;食品类商品,可以让直播间主播进行试吃,展示物品真实的样子,增加了消费者直观了解商品的机会。

在直播间如遇到之前购买过的消费者,还可以向消费者咨询商品的实物信息,获得使用后的一些反馈信息,从而避免商家的一面之词而隐瞒真实信息。

2. 加强了消费者与销售者之间的联系

一般的购物平台,虽然有客服可以咨询,但是消息和问题不会被很及时地传达与解决,而且在与客服交流时,可能会因只是文字交流,而产生信息误解。但在直播间,消费者可以和商家进行实时交流,及时提出问题并得到回答。主播在回答问题时,顾客可以看到面容、听到语气,可避免信息误解。在直播中,由于消费者可以直接实时地与主播交流,可以听到主播介绍和商品展示,就会增加购物的真实体验感,就像自己在真实逛街一样。

3. 可以推动弱项产业发展

一些偏远地区的产业,由于交通不发达、信息传递不及时,会使农产品因没有得到及时销售而造成损失。现在有很多权威的官方、名人以及相关机构人员会进行地区直播销售产品,使这些农产品直接销售到消费者手中,减少由于中间商的介入而造成的中转时间延长和价格提高。

在这类直播间购买的产品不仅价格实惠,而且产品质量有保障。一些地方性的农产品，大多是由朴实的农民种植，他们不了解网络购物，常常是以较为低廉的价格销售给中间商，只能赚取较少利润，长此以往，会使他们丧失信心，另寻其他出路，进而使得农产品种植贫乏。而直播销售可使他们作为第一销售商减少了差价，获得可观收入，可以增加种植的希望与信心。并且大多消费者表示，相比于在超市中经过华丽包装后的产品，他们更愿意直接购买这种第一手的产品。

（二）网络直播购物的劣势

1. 行业规范性存在问题

网络直播行业作为一个新兴的行业，其规范性存在很大问题。只要有一定的个人优势或个人特色存在，在直播行业中就可获得一席之地。目前因网络直播购物受骗的事件层出不穷，暴露出网络直播存在的问题。例如，××直播间销售的燕窝被检测出其实就是糖水，与燕窝等级质量规定"燕窝中蛋白质含量约在30%~50%"的标准完全不符。同时有媒体了解到某主播的背后不是个人，而是一个公司，这说明这个事件代表的不是个人问题，很可能是背后公司利用网络直播漏洞欺骗消费者。最后对该主播相关的公司进行了罚款，将相关直播账户封停。

此外，还有许多个人直播博主通过一些低趣味、恶俗的行为和言语来吸引眼球，严重影响网络环境。对此，在网络直播行业中需要进一步增加行业准则，商家更要提高自我职业道德。

2. 通过虚假营销，直播乱象

由于网络直播购物和单纯的网络购物相比，可以使消费者更加接近商品，在消费者以为可以更好地了解商品，降低了警惕性的时候，却增加了很多虚假营销现象，很多消费者收到的商品和在直播中看到的严重不符。有的消费者与商家理论，商家只会"踢皮球"，最后也得不到有效的解决。

更有许多直播乱象，例如在直播间中滥用一些极限词汇诱导购物，促使消费者在没有及时了解商品信息的情况下冲动购物。更有一些名人经营者利用自己在其他领域的成就来影响消费者的判断，使消费者的购买全部基于对此人的可信度，然后忽略了商品质量，置消费者于不利的地位，损害了消费者的合法权益。

3. 消费者维权较为困难

网络直播购物之所以很受欢迎，其很大一部分原因是价格低廉。在直播中销售的商品往往比在实体店或其他购物平台要便宜很多，偶然还会获得一些赠送的礼品。直播间为了更好地留住观众，直播中会进行抽奖和计时打折的活动。这些打折力度很大的产品，可能对于消费者而言并没有很大的用处，是原本不需要的产品，但是商家就是利用了消费者"走过路过不要错过"的消费心理，诱导消费者购买打折产品，而抢购这些产品的前提就是"概不退换"，这就使得消费者在购买了不需要的产品后，利益无法得到保障。

在直播间购物的初衷主要是想进一步了解产品，商家也正是利用消费者的这一心理，会在直播中只介绍他想介绍的信息，对于消费者想要了解的信息简单概述，含糊其词，这就严重侵犯了消费者的知情权。更有商家在直播中标着"历史低价""骨折价"等信息词来诱导消费者，等销售几天后会以更低价格销售，对消费者进行价格欺骗。

三、网络直播购物乱象及成因

（一）网络直播购物乱象

1. 虚假宣传，质量堪忧

事实上，主播推荐好物"翻车"已不是第一次发生。此前，就有用户质疑某主播推荐的商品存在质量问题。一位用户在使用了该主播推荐的痘痘贴后，脸出现红肿发烂的情况，而网店客服却是一副事不关己的轻慢态度。此外，还有买家反映，某主播推荐的阿胶糕吃出了小石子，另一主播推荐的棉被产品也存在质量问题。

2. 售后问题无人解决

网络直播购物的售后问题也是网友吐槽的重灾区。某位明星在某直播平台上拥有 2000 万粉丝。他曾直播售卖某品牌大闸蟹礼盒，然而国庆提货高峰到来后，不少网友却跑到该明星的微博下投诉无法提货，还称该品牌商家已跑路。顿时，该明星的微博评论区变成网友的集中"投诉点"。不少网友质问该明星："因为觉得你靠谱，才买了你推荐的品牌，结果却跑路了。"

3. 刷数据，制造火爆假象

刷数据就是数据造假，可以快速为平台制造繁荣的假象。有些网络直播平台通过数据造假吸引、欺骗真正的用户。同时，这样也会破坏行业内的公平性，让更多的同行和竞争对手也加入刷单大军中。这样，网络直播平台的刷数据现象将会更加泛滥，但这种现象必须引起重视并加以纠正。

（二）网络直播购物乱象的成因

1. 模糊广告与推荐的界限，逃避法律监管

网络直播购物倾向于发布隐性广告、软广告，一般并不直接描述产品的生产商、产品信息、产地等，而是通过模拟消费者的感受向消费者隐约地传达推荐购买该商品的意思，这样一旦出现问题，主播则可以用只是试用、并非广告等理由逃避法律的监管。

2. 主播法律责任规定存在缺陷

《中华人民共和国广告法》第五十六条规定："关系消费者生命健康的商品或者服务的虚假广告，造成消费者损害的，其广告经营者、广告发布者、广告代言人应当与广告主承担连带责任。前款规定以外的商品或者服务的虚假广告，造成消费者损害的，其广告经营者、广告发布者、广告代言人，明知或者应知广告虚假仍设计、制作、代理、发布或者作推荐、证明的，应当与广告主承担连带责任。"这导致网络直播购物有漏洞可钻，只要主播称并不知情，而消费者在没有确凿证据时，主播便可逃脱法律制裁。

3. 网络直播平台监管不到位

主播与商家可以通过两种方式接触，一种是主播自己或自己的团队亲自与商家接触，另一种是主播通过网络直播平台与商家接触。但无论哪种方式，都存在的一个问题，即网络直播平台对商品的质量证明、生产批号、合格证明缺乏严格的审核与监管。我国目前对于网络直播平台所制定的行政监管体系虽说是各自分工、统一监管，但是各个部门之间却是互不干涉的，导致网络直播平台各个监管部门之间缺乏有效的配合，未能达到应有的效果。

四、网络直播购物对消费者权益带来的损害及表现

（一）网络直播购物对消费者权益带来的损害

1. 安全权损害

由于消费者只能通过主播展示的商品状态好坏作为衡量质量好坏的参考标

准，无法亲身体验商品，因此直播间展示商品与实际销售商品的一致性难以得到保障。根据中国消费者协会发布的《直播电商购物消费者满意度在线调查报告》，37.3%的受访消费者在直播购物遇到过消费问题，比如被夸大宣传或虚假信息误导，购买到假冒伪劣商品等；此外，主播销售违禁品的现象也大量存在。这些都在一定程度上侵害了消费者的安全权。

2. 知情权损害

网络直播中存在大量虚假宣传现象：其一，直播间介绍产品与实际销售产品不符；其二，主播过分夸大商品某一特征或功效而隐瞒商品真实情况，误导消费；其三，不法分子刻意迎合消费者的需求，制造虚假的商品信息欺诈消费者；其四，公众人物带货刷单造假、流量造假。

网络直播购物中的虚假宣传现象泛滥成灾，影响消费者的判断，严重侵害了消费者的知情权。

3. 依法求偿权损害

《中华人民共和国消费者权益保护法》第二十五条规定："经营者采用网络、电视、电话、邮购等方式销售商品，消费者有权自收到商品之日起七日内退货，且无需说明理由，但下列商品除外：（一）消费者定作的；（二）鲜活易腐的；（三）在线下载或者消费者拆封的音像制品、计算机软件等数字化商品；（四）交付的报纸、期刊。除前款所列商品外，其他根据商品性质并经消费者在购买时确认不宜退货的商品，不适用无理由退货。消费者退货的商品应当完好。经营者应当自收到退回商品之日起七日内返还消费者支付的商品价款。退回商品的运费由消费者承担；经营者和消费者另有约定的，按照约定。"直播带货作为新型网络购物方式，对于符合退货条件的，应提供七日内无理由退货服务。但实践中的消费者售后维权缺乏具体法律文件约束，电商常以各种理由拒绝退换货，并通过让消费者承担运费或出具质量问题证明的方式限制退换货，消费者证据链寻找困难。除客观阻碍，消费者主观上可能因为售后维权的成本远大于购买产品所涉金额而选择息事宁人。以上现象都侵害了消费者的依法求偿权。

（二）网络直播购物侵害消费者权益的表现

对于一般消费者而言，观看直播进行购物的消费者因营销的刺激因素、消费者个体特征因素和网络互动等情景因素，更易在直播间进行冲动购物。基于此消费心理的存在，多数网络购物平台将直播预告夹杂于节目之中，广告内容未经平台审核，不能确定真实性和安全性，加之目前法律对于商家、主播和网络购物平台之间的法律关系界定不明确，缺乏对于具体权利义务的划分，常常导致"各为其利，不负责任"的现象，不利于保障消费者的权益。

1. 责任主体不明确

虽然直播购物电商模式目前取得了不菲的商业发展成效，业务发展迅猛，但商家有限理性下的"偏利性"选择，不可避免地为逐利而舍弃消费者的正当权益，出现许多侵害消费者权益的行业乱象，直播现场"翻车"现象频发。其主要问题可总结为虚假宣传、产品信息不全、产品质量堪忧、刷单炒信、物流质量差等相关售后问题。而事后主播与网络购物平台间相互推诿卸责，使得消费者难以找到维权对象。

当前直播法律规制主要以不同的法律关系采取不同法律规制的方式，存在体系分散、衔接不畅、内容冗杂、容易造成混乱等适用问题。相比于传统的电商法律关系，直播购物的法律关系更加复杂多元，责任承担主体之所以不明确，主要在于主播法律定位不明确，由于不同法律角色下权责划分不同，主播的责任承担也不能一概而论，应在具体的情境中类型化处理。

2. 售后维权困难

首先，该困境和直播购物中责任主体不明确有直接联系，消费者购物维权对象不明；其次，部分直播商品本身不符合七日内无理由退换，或者直播间以不允许退货为由拒绝用户其他符合退换货种类的商品退货请求。此外，还有可能存在售后问题无人回应等更加极端的情况，一些厂家将滞销产品借助直播高流量一次性处理，在产品质量售后服务上缺乏保障。

基于目前电商直播购物问题的分析，对直播带货中各个法律主体之间的关系进行明确后归责，成为消费者购物维权的必经途径。

五、优化网络直播购物的对策

（一）提升主播自身的素质与能力

网络直播作为一个新兴行业，没有太多的入行门槛，只要有自己的个人特色可以受到他人喜欢，就可以在这个行业生存下去，并没有要求个人必须拥有较高的教育学历，或进行相关素质培训。也正是由于它的要求过低，就会降低风险意识、增加犯罪概率。要建立一个良好网络直播环境，就需要从主播个人上解决问题，培养他们的职业素养，增强法律意识。相关部门需要根据行业要求，建立主播行业规章条例，主播如果想要在行业里持续发展就要参与定期素养培训。

（二）建立完善的收入准则

目前网络直播作为一个新兴行业，收入确认、税收征管仍旧是一个难题，对于如何判定个人的收入性质争议较大。在最新修订的相关个人所得税法实施的条例中，"经营所得"与"劳务报酬所得"相关的内容具有一定的交叉性，由于网络主播的收入来源比较复杂，这就给收入的性质认定带来巨大困扰。规范收入来源，提高主播的职业道德素养是关键。

对于直播等其他收入，为了躲避相关税费，合作公司首先会划分部分给个人，剩下的会以入股投资的方式打入到公司账户，以此来减少税费缴纳金额。更有一些主播开始建立个人工作室，个人工作室的建立以及大量空壳公司的出现也是为了减少税费。为此就需要监管部门加大监管力度，根据行业变化调整税务监管的方向和重点，对主播进行宣传教育增加纳税意识，根据行业特点优化税收结构。

（三）加强网络销售中商品质量的保障

大多数消费者在购买商品时，首先就是看商品代言人，如果没有代言人就会去看推荐人。不论是代言人还是推荐人，消费者主要是根据他们的知名度去判断，将商品本身放在了次要位置。对于代言人是否正式体验过所代言的商品，专业度是否相关等几乎完全忽略。网络上购物接触不到商品实物，消费者主要是由代言人和推荐人的可信度、知名度去判断，就会忽略商品自身的质量。一旦权益受损，只能收到部分赔偿，但是心里的伤害却无法治愈，一旦他们对网络购物产生不信任感，就会对网络经济发展产生不利影响。

想要使网络直播经济稳定发展，加强网络销售商品的质量是很关键的一步。商品质量得到保障，消费者才有信心购物。市场应建立健全质量监管机制，从根本上为消费者提供保障，减少顾虑。

（四）建立消费者售后维权机制

消费者在网络上购物后，收到商品发现商品与商家所说严重不符时，会提出退货或退款。像衣服类商品在试穿过后在保证商品完好性的前提下仍可退回，但是食品类商品只有在品尝后才会发现问题，而此时商家也会以商品已使用无法退回为由，拒绝退款。一些商家可能会提供小部分赔偿，但是与消费者受到的损失相比，微不足道。有些商品在购买时商家会附赠运费险，消费者在购买时就不怕商品出现问题。在没有运费险的情况下，如果个人补贴运费反而得不偿失，就会选择自行承受损失。

很多情况下不是单纯的退货和退款问题，而是商家的拒绝售后和售后服务不规范，使得消费者维权困难。网络的复杂性使得政府监管规制在落实过程中困难重重，一些商家、销售者在直播推广时，将商品夸上天，还会将售后等服务形容得接近完美，使消费者降低戒备心。但是当消费者权益真正受到侵犯时，商家就会"踢皮球"、推卸责任。对此，政府需要建立一个完善的消费者维权机制，调节对商家的监管机制，增加其义务认知。

（五）完善网络直播购物法律监管

1. 完善荐证广告的注意义务

第一，主播作为自然人广告荐证者，需要履行其广告审查义务。注意义务是行为人"能够认识的和能够履行的"，即便自然人广告荐证者不具有相关专业知识，但也应在做好审查工作后再接受荐证邀请。

第二，自然人广告荐证要如实荐证。如实荐证决定了广告信息传递的有效性，更重要的是决定了广告的真实性。因此，需要自然人广告荐证者如实地发表自己的使用感受和看法，不能因为高额的荐证费或者其他无关因素而发表虚假的、不切实际的陈述，杜绝没有科学依据或者实际效果的广告词，对于广告主提供的荐证内容，荐证者应该认真进行审查，如果有前面所提到的内容，应拒绝荐证。

2. 对直播广告进行明确标识

如果主播并非商品的真实使用者，则应该在网络直播中明确进行告知。采用这种方法可以一定程度上缓解主播通过隐性广告逃避法律监管的问题，将直播内容的真实与否交给消费者自己进行判断，避免消费者被误导而将广告当作主播客观感受。

3. 完善自然人荐证广告的监管制度

第一，健全广告的预审制度。网络直播平台要发挥对主播以及直播内容、商品的监管审查义务，保障直播内容以及商品信息的真实性、合法性。若直播间出现虚假广告导致消费者遭受损失，平台未尽到审查义务的，应承担连带责任。

第二，建立自然人荐证广告的黑名单制度。市场经济是开放的经济，有市场准入，就会有市场禁入，所有行业都有市场禁入制度，荐证广告行业也不例外。建立广告荐证人信用档案制度，会规范自然人广告荐证者的行为，让他们对自己的言行负责。

第三章　移动电子商务在金融领域的应用

移动金融是传统金融行业与移动电子商务相结合的新兴领域。移动金融在以智能手机、平板电脑和无线 POS 机为代表的各类移动终端设备中开展，相比传统金融业务，移动金融具备透明度更强、参与度更高、协作性更好、中间成本更低、操作更便捷等一系列特征。本章将从移动金融概述、移动金融的商业模式与平台、移动支付和移动银行的应用四个方面来进行阐述。

第一节　移动金融概述

一、移动金融的概念

"移动金融"不是一个严格意义上的理论名词，国内外学术界及实务界对其一直没有形成一个准确、完整的名词定义。从实践角度看，"移动金融"更多指的是基于"移动支付"和"移动银行"的技术与商业模式提供的一系列金融服务。

移动金融虽然没有明确的定义，但是可以用以下特点来进行判定。第一，移动金融要使用移动终端来操作。这里的移动终端包括智能手机、平板电脑等各类移动终端设备。第二，要有金融解决方案。例如，用余额宝购买理财产品，就是一种金融解决方案；将余额宝里面的钱转出来购物，也是一种金融解决方案。

移动金融从广义上讲，应该是指通过移动终端发起，向客户提供各种金融服务的总称。从内容上讲，移动金融应该包含移动支付、移动银行等。移动金融产业链如图 3-1 所示。

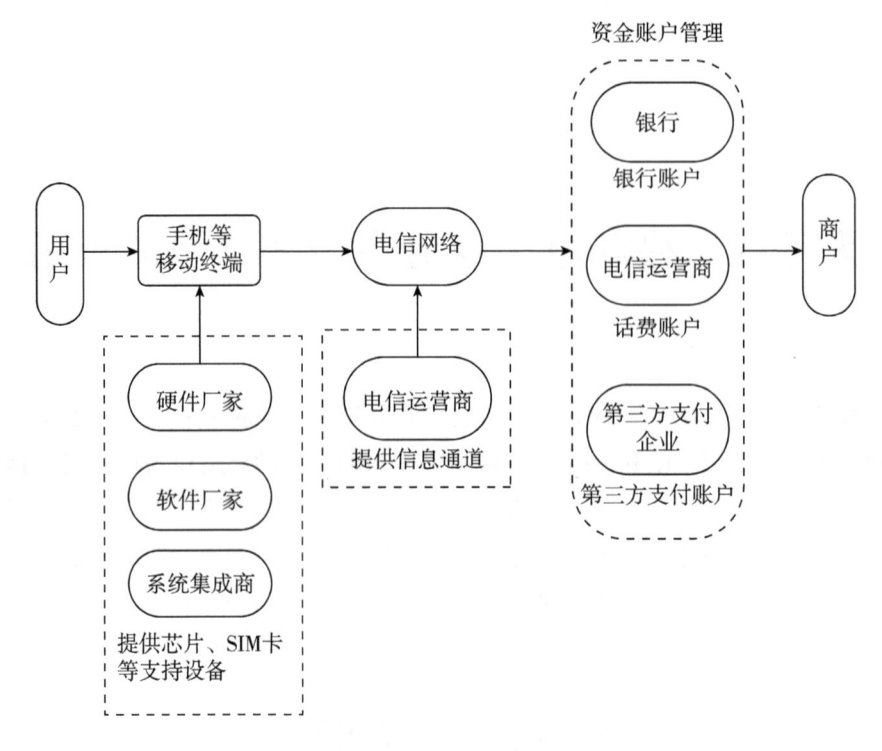

图 3-1　移动金融产业链

二、移动金融产生的影响

（一）移动金融对企业的影响

移动金融的发展为企业提供了良好的机遇，能够帮助企业提高自身竞争力，获得竞争优势。表 3-1 列举了移动金融对企业发展的具体影响。需要说明的是，这里提到的"企业"，指的是包含移动运营商、金融机构、软硬件提供商、商家在内的所有参与移动金融活动的企业。

表 3-1　移动金融对企业发展的具体影响

影响	具体描述
带动新型信息企业的崛起	移动金融的发展要求相关软件和硬件的支持，要求更高级的信息处理器和网络传输速度，这就带动了一系列软硬件和移动电子产品的发展。一批新型信息企业主动顺应市场发展的潮流而迅速崛起，力求抢占市场先机并进一步巩固自己的市场地位
满足用户个性化需求，增强企业竞争力	基于移动金融的精准性和定位性特征，相关企业能够迅速了解、分析并满足用户的个性化需求，通过提高用户对产品和服务的感知价值来增强自己的竞争能力
形成企业独特的地理位置优势	移动金融服务提供者一般都拥有定位服务技术，通过这种技术可进行位置查询，可结合地理资源条件对受众进行分析，因此可以为商机评估及选址问题提供决策参考。若企业出于某种原因需要设立实体网点，那么依靠定位技术选定的店址能最大限度地方便和满足顾客
降低企业管理和服务成本	一方面，移动金融将信息传递数字化，形成即时的沟通，能实现企业内信息低成本共享，从而可以裁减中间管理人员，降低管理成本；另一方面，实体网点是需要人工、房屋、水电等各种费用的，用户通过手机办理业务与去实体网点办理业务相比，前者能使企业大大节约服务成本
降低企业生产成本	移动金融为人们进行采购支付提供了便利，从而加速产品以及原材料的流动，由此缩短了产品的生产周期，进而降低了企业的固定成本。由于每一项产品的生产成本都涉及固定成本的支出，所以移动金融的出现会通过产品生产周期的缩短带来企业生产成本的下降
推动企业产品创新	产品研发者可以利用移动网络技术进行即时、快速的市场调研，了解最新的市场需求，以形成新的创意和构想，或对正在开发过程中的产品进行适当调整，从而取得竞争优势
树立企业的良好形象	率先参与移动金融活动的企业将在同行中树立进取的形象，展现创新的精神。能够提供多样化的产品、灵活的折扣条件、友好的用户访问界面和完善的技术支持的企业必将获得良好的社会口碑

续表

影响	具体描述
增加用户黏性，使企业能有效地维持客户群	国际上的成功经验表明，移动金融业务是"捆绑用户"的有效手段。在新的市场竞争形式下，移动金融业务的重要意义就在于增加用户黏性，帮助企业维持现有客户，同时积极发展新客户。从长期来看，具有规模优势的移动金融业务必将逐步带来新的收益增长点

（二）移动金融对生活的影响

移动金融已走进了人们的生活，正在改变着人们的工作方式、消费方式、沟通方式甚至思维的方式。表3-2列举了移动金融对人们工作和生活的影响。

表3-2 移动金融对人们工作与生活的影响

影响	具体描述
办公方式更加灵活，工作效率得以提高	在移动金融环境中，相关金融业务无论在何时何地都能进行及时沟通和办理，如查询客户信息和相关标准、接受客户订购移动业务、与公司总部保持联系等。这就使那些执行独立任务的管理人员可以方便地选择自己喜欢的工作地点和工作方式，从而提高工作效率
信息传播更为容易	移动金融主要通过移动通信网络来进行，实现了真正的大众传媒作用。移动信息传播具有双向性的特点，人们可以根据自己的需要提出疑问，获取信息，不受时空限制
消费方式逐渐改变	现代人身上拥有种类繁多的卡，对这些卡的携带和管理都不方便，而移动支付的出现可以使手机取代公交卡、饭卡、储蓄卡、信用卡、会员卡、社保卡等，实现多卡合一、一机多用，改变了人们原有的消费方式
生活质量得到改善	发展移动金融是构建数字生态系统的重要组成部分，移动金融有利于创造一个更方便、更安全的数字生态环境，极大地改善人们的生活质量

续表

影响	具体描述
一种适应信息经济时代的先进文化将逐渐形成	作为移动金融发展基础的移动通信网络和移动服务技术正在全球广泛使用，作为先进生产力的代表，技术发展将对社会文化和精神文明产生深刻影响；网络改变着人与人之间的交往方式，也必然对文化的发展产生深远影响。随着移动金融的发展，一种新的适应网络时代和信息经济的先进文化将逐渐形成

第二节　移动金融的商业模式与平台

一、移动金融的商业模式

一般来说，商业模式是指产品或服务在生产销售过程中所涉及的参与方以及参与方之间的商业关系，主要包括职责分工和利益分配。持续的盈利能力大小是衡量商业模式是否成熟的主要标准。而商业模式的主导方则通常是指提供产品或服务过程中的资源整合者和利益协调者，对业务规则、定价规则、利益分配等核心关系掌握了充分的话语权。

（一）远程模式

远程支付最早由移动运营商推出。在20世纪90年代至21世纪初，移动运营商以其话费账户作为支付账户，以短信作为主要技术方式，以数字产品作为主要商品，首先向消费者推出远程支付业务，并且在2002—2005年发展到顶峰。随后，银行卡组织也开始联合移动运营商，以银行卡账户为支付账户，通过短信方式开展远程支付业务，产品应用主要集中在缴费、票务、转账等领域。此时，随着互联网信息技术的进步、智能手机的普及，以第三方支付机构虚拟账户（如PayPal、支付宝）为代表的，采用支付客户端或支付插件等技术的远程支付开始陆续出现，并以其支付商圈的开放性、支付流程的便捷性等优势，迅速成为主流的远程支付方式。而对于第三方支付机构的竞争，银行卡组织也逐渐推出自有品牌的支付客户端和支付插件等远程支付方案。

从全球市场来看，根据交易支付账户类型的不同，远程支付的商业模式主要分为移动运营商主导模式、第三方支付机构主导模式和银行卡组织主导模式等三大类。具体见表3-3。

表3-3 全球市场远程支付商业模式现状

商业模式	账户类型	银行卡组织参与度	支付交易定价规则	主要收益来源及利润	案例说明
移动运营商主导模式	话费账户	仅参与账户充值，不参与商品交易	由移动运营商制定	移动运营商：与应用提供商、商户拓展商对数字产品销售收入分成 银行卡组织：账户充值佣金分配利润	中国移动
第三方支付机构主导模式	第三方支付机构虚拟账户	仅参与（或部分参与）账户充值，不参与商品交易	由第三方支付机构制定	第三方支付机构：支付交易佣金（对账户余额的投资收益） 银行卡组织：账户充值佣金分配利润	PayPal、支付宝
银行卡组织主导模式	银行卡账户	参与商品交易	由银行卡组织制定	银行卡组织：商品交易的支付佣金分配利润	PayPass Wallet

1. 移动运营商主导模式

移动运营商主导模式主要满足了手机铃声、各类游戏币等数字产品的支付需求。在该模式下，手机话费账户是商品交易时的直接账户，并主要采用短信、USSD（Unstructured Supplementary Service Data，非结构化补充数据）等技术方式。具体如图3-2所示。

```
                        ┌──────────────┐
                        │  移动运营商  │
                        └──────────────┘
```

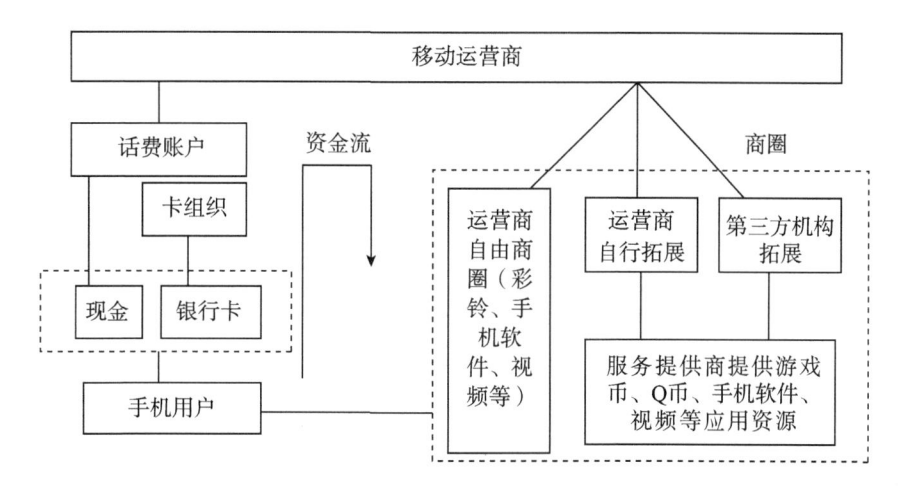

图 3-2　移动运营商主导模式

根据资金流向，该模式可以细分为话费充值和商品交易两个环节。在话费充值环节，且采用银行卡账户进行充值的情况下，商业银行作为发卡机构、银行卡组织作为转接清算机构、商业银行或非金融支付机构作为收单机构，移动运营商则作为商户。在商品交易环节，由于所有商品均采用话费账户进行结算，移动运营商承担了发卡、收单等核心职能。此外，移动运营商还承担了部分商圈的建设。第三方机构则作为专业化服务机构为移动运营商拓展商户。数字产品提供商（Service Provider，SP）作为商户，提供应用资源。由于该模式较好地满足了手机铃声、游戏币、视频等数字产品的支付需求，在 20 世纪 90 年代末至 21 世纪初远程支付技术手段相对匮乏的时期，获得了较好的发展。例如，中国移动建立的移动梦网平台几乎与全国所有的 SP 均建立了连接，包括搜狐、腾讯、TOM 在线等。但随着智能手机的快速普及，第三方支付机构的发展以及移动运营商收取的扣率较高等原因，该模式已逐渐被新型的远程支付模式取代，各类商圈应用提供商也越来越多地选择其他支付模式来完成交易。

2. 第三方支付机构主导模式

随着支付产业的发展，全球范围内出现了越来越多的第三方支付机构，其开展远程支付的业务模式也不尽相同，主要可以分为 PayPal 模式和支付宝模式两类。

（1）PayPal 模式。在该模式中，主要以第三方支付机构的虚拟账户作为支付账户，进行商品交易，且该虚拟账户与银行卡账户绑定。在技术实现上，主要采用无卡支付模式，通过支付客户端或在商户客户端或网页中内嵌支付插件的方式向用户呈现。具体如图3-3所示。

```
银行卡组织 ———— 第三方支付机构 ———— 第三方虚拟机构
    │                                        │
银行卡账户                                    │
    │                                        │
   用户                                     商户
```

图3-3 PayPal模式

在银行卡组织未及时推出远程支付应用的背景下，该模式获得了较好的发展，并将商圈应用逐渐从商品消费拓展至转账、代收付等领域，在北美洲和欧洲等地区成为主流的远程支付模式。此外，在该模式下，虽然第三方支付机构的虚拟账户主要通过银行卡组织渠道与商业银行建立连接、进行交易，在某种程度上并未脱离银行卡组织模式，但由于银行卡组织在整个交易中仅参与了对虚拟账户的充值环节，并没有直接参与商品的交易环节，相应的商品交易佣金扣率也由第三方支付机构确定，银行卡组织对于支付交易佣金的定价权被大大削弱。

（2）支付宝模式。该模式与PayPal模式的不同之处在于，此类虚拟账户支持吸收客户备付金，并以国内的支付宝为代表。与PayPal模式类似，该模式可以细分为账户充值和商品交易两个环节。在账户充值环节，主要有银行网关方式和银行卡绑定方式（快捷支付），无论哪种方式，商业银行均作为发卡机构，第三方支付机构作为商户，而银行卡组织作为第三方支付机构自有银行通道的补充，负责将银行资金清算至虚拟账户。由于该模式延伸了桌面互联网支付的优势，发展良好，逐渐成为国内远程支付的重要模式。值得注意的是，在该模式中，在银行卡组织对于商品交易环节的支付交易佣金定价权被削弱的情况下，国内第三方支付机构与商业银行建立的直联网络绕开了银行卡组织，涉及清算市场管制问题。具体如图3-4所示。

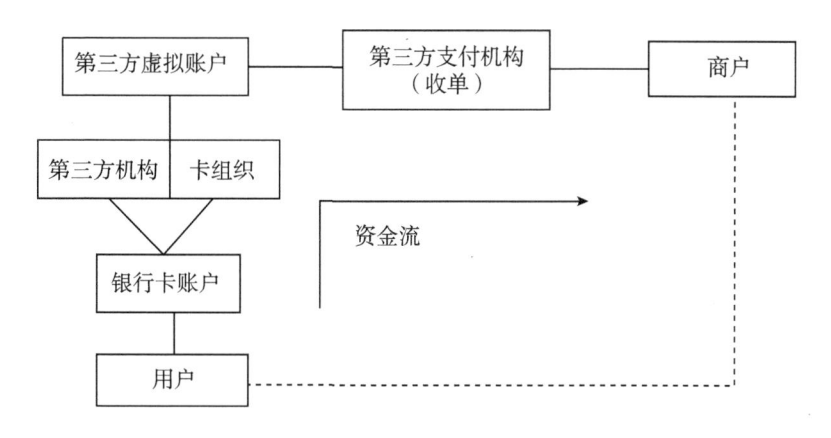

图 3-4　支付宝模式

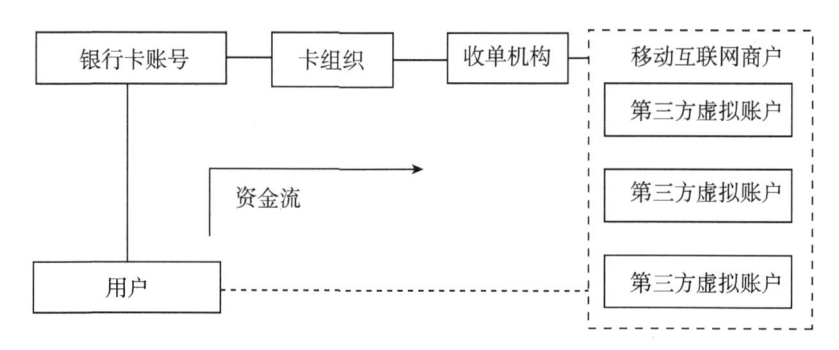

3. 银行卡组织主导模式

在银行卡组织主导模式中，其直接参与最终的商品交易环节，且商品交易的支付账户主要是银行卡账户。具体如图 3-5 所示。

此模式延续了各参与方在线下交易时的职责，商业银行作为发卡机构，银行卡组织作为转接清算机构，商业银行或非金融支付机构作为收单机构。同时，第三方机构、收单机构与银行卡组织共同参与移动互联网商户的拓展。由于第三方支付机构较好地将桌面互联网支付上的优势延伸至远程支付，银行卡组织模式的远程支付业务相比第三方支付机构处于弱势地位，但各大国际银行卡组织正逐渐开始加快自有品牌远程支付业务的推广，引导用户将银行卡账户作为主要的交易账户，将传统的线下银行卡交易模式迁移至线上。

图 3-5　银行卡组织主导模式

（二）近场模式

近场支付业务已经历了 10 多年的发展，银行卡组织、移动运营商、智能手机操作系统平台、政府等相继进入近场支付业务领域，推动其发展，并在全球几十个国家开展了近场支付的试点，但整体来看，近场支付仍处于探索阶段，商业模式尚未成熟。

1. 银行卡组织主导模式

在该模式下，银行卡组织作为近场支付的品牌运营方，以支付转接清算通道和线下 POS 受理网络为核心竞争力，面向用户整合产业链的上下游相关资源，提供近场支付服务。具体如图 3-6 所示。

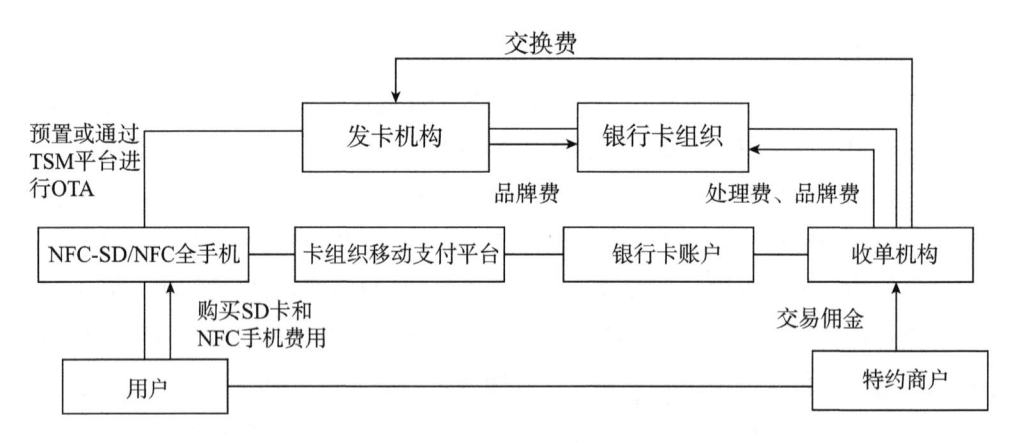

图 3-6　银行卡组织主导模式

在银行卡组织主导模式中，主要参与方及其职责与传统银行卡交易模式基本一致，包括商业银行等发卡机构、银行卡组织、收单机构等。此外，还包括手机终端生产商、安全芯片生产商、解决方案提供商等，分别负责供应 NFC（Near Field Communication，近距离通信）手机、加载银行卡账户信息的安全芯片和 TSM（Trusted Service Management，可信服务管理）平台建设以及提供移动支付客户端的解决方案。虽然银行卡组织从 21 世纪初期便开始在全球范围内开展了近场支付业务的试点和推广，VISA 和万事达等国际银行卡组织共计已经在超过 30 个国家和地区开展近场支付试点，但总体来看，该模式仍处于初级阶段，收益来源仍主要为交易佣金分配利润，银行卡组织并未拓展出新的收益来源。

2. 政府主导模式

由于近场支付业务在交通、零售等多个行业均带来了较大的便利，多个国家的政府也积极参与推动近场支付业务的发展，典型的有法国政府推动的"CityZi"项目和新加坡政府推动的"Call-for Collaboration"项目。

以法国"CityZi"项目为例。该项目在法国政府的主导下，采用充分开放与合作的发展模式，各个参与方发挥各自优势，银行、运营商、公交公司等统一技术标准，各自建立 TSM 平台，分别提供自己的核心功能，通过标准化接口实现 TSM 互联互通，同时统一移动支付品牌标志"CityZi"共享商圈，实现近场支付产业链的整合，提升整个产业的价值和效率。具体如图 3-7 所示。

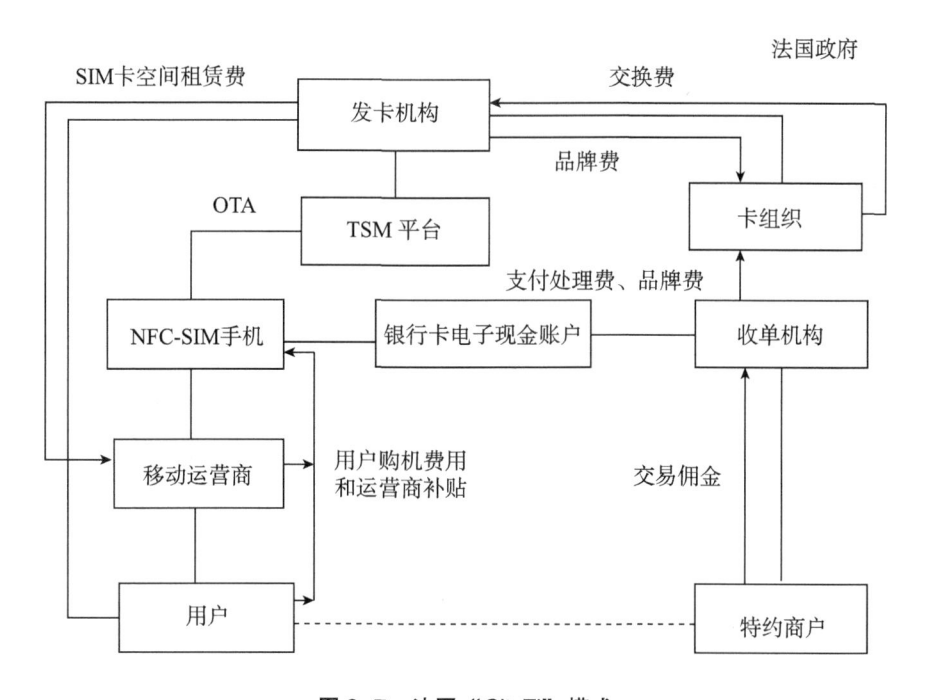

图 3-7　法国"CityZi"模式

该项目于 2010 年 7 月正式商用，法国政府作为项目的总体管理方和推进方，协调、推动多个产业的参与方的整合，共同发展移动支付项目。相关参与方包括 Bouygues 电信、SFR 和 Orange 等移动运营商，负责开放 SIM 卡空间及密钥管理权限；法国巴黎银行、兴业银行、巴克莱银行、法民互助信贷银行等发卡机构，负责空中发卡；VISA、万事达等银行卡组织，负责提供转接清算服务；金雅拓和欧贝特等芯片厂商，负责提供 TSM 平台及相关解决方案；诺基亚、三星等手机制造商，星巴克、家乐福、公交公司、法国国营铁路公司等特约商户，Airtag 等营销公司，为铁路和公交公司及特约商户提供平台和软件。

3. 移动运营商模式

在该模式下，移动运营商为近场支付的品牌运营方，并以其对手机、SIM 卡等终端载体的绝对掌控力以及用户资源、营销渠道为核心竞争优势，整合支付服务商、零售商等资源，提供近场支付服务，如日本的 NTT DoCoMo 推出的 iD 和英国 Orange 推出的 Quick Tap 等。

在日本 NTT DoCoMo 模式中，参与方包括移动运营商 NTT DoCoMo，负责向手机终端厂商定制手机，并向用户销售。此外，NTT DoCoMo 通过收购信用卡公司的形式开展发卡业务，同时，NTT DoCoMo 还建立其自有近场支付业务的转接平台和受理网络，成为集手机定制、发卡、转接、收单等多个职能于一身的占据绝对优势的产业主导方；移动支付服务商 Felica Networks 负责向各大运营商发放 Felica 技术授权许可，并向手机用户提供钱包应用程序的下载、注册、管理等服务。

在日本 NTT DoCoMo 推出的近场支付业务中，NTT DoCoMo 向发卡和收单机构以交易处理费与品牌费的名义收取 0.1% 的交易佣金；发卡机构获取 1.6% 的交易佣金，向 NTT DoCoMo 支付 0.1% 的费用；收单机构获取 2.5% 的交易佣金，向发卡机构和 NTT DoCoMo 分别支付 1.6% 和 0.1% 的费用，实际获取 0.8% 的交易佣金；由于 NTT DoCoMo 自建了 iD 手机银行卡的转接平台，所以该业务中并不涉及银行卡组织。具体如图 3-8 所示。

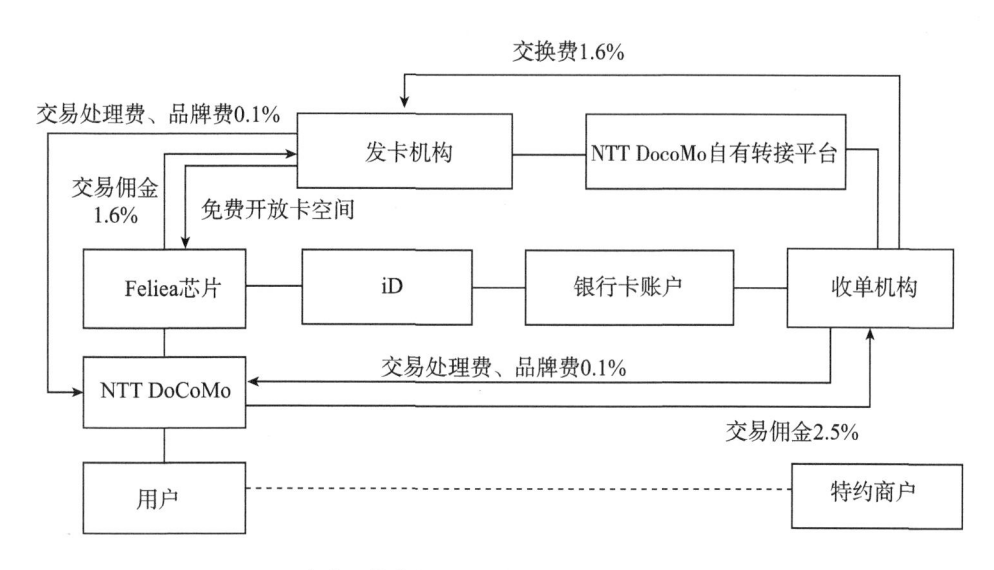

图 3-8 移动运营商模式（以日本 NTT DoCoMo iD 为例）

对移动运营商而言，近场支付业务是一项具有较大发展潜力且黏性较强的增值业务，全球范围内大部分移动运营商均开展了此项业务，但是，从市场发展来看，仅日本的 NTT DoCoMo 和韩国的 SKT 获得了较好的发展，其余均处于试点或起步阶段。但即使作为全球运营最为成熟的 NTT DoCoMo iD 品牌近场支付业务，也处于不盈利甚至亏损的状态。

4. 移动运营商支付子公司主导模式

移动运营商除自己直接开展近场支付业务外，还通过（合资）建立专属支付子公司的形式推进此业务，并且由于受到相关监管法规的限制，移动运营商更多的是通过此种方式开展近场支付，支付子公司以其母公司资源为依托推动近场支付业务。

以美国 ISIS 公司为例，参与方包括：ISIS 平台，负责整体移动支付业务的资源整合，如拓展发卡机构、收单机构、特约商户、银行卡组织等，并负责移动支付品牌的运营等；三大运营商 Verizon、AT&T 和 T-Mobile，负责 NFC 手机终端的定制和销售；发卡机构，大通银行、第一资本和巴克莱银行，负责向手机安全芯片进行空中发卡；银行卡组织，VISA、万事达、Discover 和美国运通，负责支付交易的转接清算；收单机构，支持上述四大银行卡组织非接支付（non-touch payment）标准的收单成员机构，负责支付交易的收单；手机终端厂商，三星、HTC、Sony、Motorola、RIM 等，负责提供 NFC 手机；安全芯片厂商，金雅拓，负责提供安全芯片，同时还负责 TSM 平台的建设。具体如图 3-9 所示。

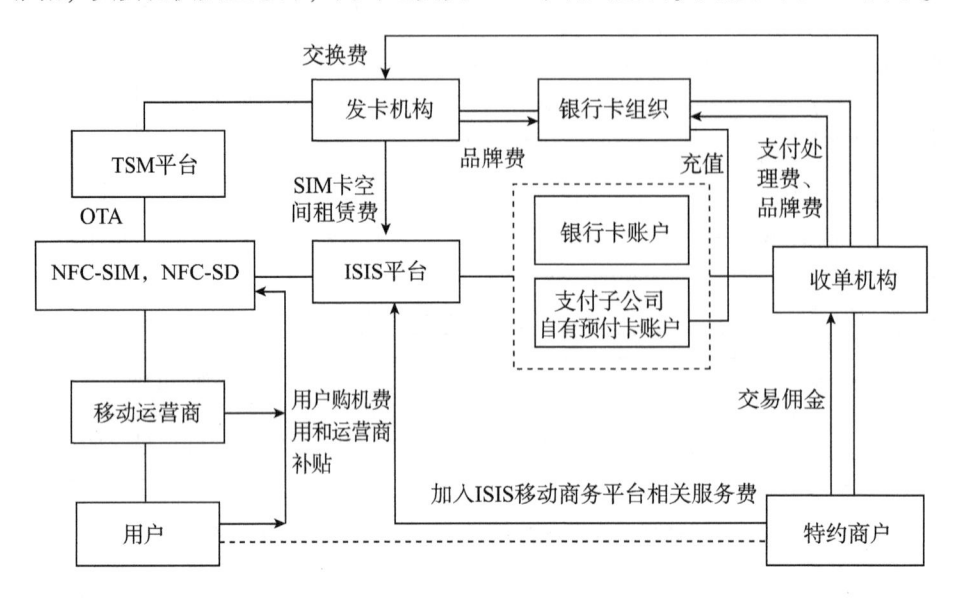

图 3-9　移动运营商支付子公司主导模式（以美国 ISIS 公司为例）

目前，多个国家的移动运营商均开始以合资支付子公司的形式开展移动支付业务，除美国的 ISIS、瑞典的 WyWallet 以外，德国的沃达丰德国、德国电信和 Telefonica 德国合资组建了移动支付公司"Mpass"，丹麦的 TDC、Telenor、TeliaSonera2 和 TeliaSonera3 也合资组建了移动支付公司。

二、移动金融的平台

（一）平台与平台企业

"平台"这一概念因互联网企业电子商务的建立以及社交平台的崛起而成为热点，与大数据、云计算、移动互联网并列成为未来产业发展的趋势。实际上，这一概念并非到现代才出现，如政府、农贸市场、交易所、婚姻介绍所、汽车展览会、购物商城等，都是提供不同服务内容的平台。因此，所谓的"平台"，主要是指一种有别于传统垂直产业链的有效的商业策略或商业模式（以下简称平台模式），即平台企业作为双边（或多边）市场中介的模式。平台企业可做如下分类。

按照开放程度，平台企业可以分为开放平台和封闭平台。在开放平台中，市场各方可自由进出，在不考虑交易成本的情况下，市场各方往往既不需要特别的身份认证，也不会遭受排他性歧视。而在封闭平台中，先加入的市场主体可以阻止后来者进入平台，后来者则往往需要满足一定条件才能进入。比如，由于对软件开发商设定了较高的准入门槛，相比 Android 来说，iOS 就成了一个封闭的操作系统平台；同时，由于其购物中心商铺面积有限，后入驻的商家往往需要支付更高的租金才能进入，因此相比一般的电子商务网站来说，iOS 也可以被视为一个相对封闭的商品交易平台。

按照连接性质，平台企业可以分为纵向平台、横向平台和观众平台。纵向平台促进"卖家"与"买家"进行交易，提供的是促进交易的具体场所，如购物中心、证券交易所。横向平台促进不同用户的相互交流和组合，不存在明显的买卖关系，如电子邮件系统允许用户相互间通过发送和接受 E-mail 进行交流，电信系统则允许用户相互间通过拨号和接听进行联系。观众平台通过为观众提供（免费）服务来捕捉目标客户，而这种（免费）服务往往受到商户资助，如搜索引擎一边为用户提供这种（免费）服务，一边向广告商收取相应的费用。

按照功能，平台企业又可以分为市场制造者、观众制造者和需求协调者。市场制造者使得不同用户群体之间能够进行交易，如证券交易所。观众制造者出售信息，从而实现广告商和观众的匹配，如报纸杂志、门户网站等。而需求协调者则提供产品与服务，从而激发互补产品之间的网络效应。如软件 A 必须在操作系统 B 的环境下运行，由于软件 A 和操作系统 B 是互补产品，随着软件 A 开发者的增加，操作系统的用户规模也会随之扩大，操作系统就是软件开发商和软件使用者之间的需求协调者。

平台企业的分类维度及判断依据具体见表 3-4。

表 3-4 平台企业的分类维度及判断依据

判断维度	平台分类	判断依据	平台举例
开放程度	开放平台	对群体采取开放策略	婚介中心、Android
	封闭平台	对群体采取相对封闭策略	购物中心、iOS
连接性质	纵向平台	群体之间是交易关系	购物中心、证券交易所
	横向平台	群体之间是交流和组合关系	电子邮件、电信公司
	观众平台	群体之间是观众与广告商关系	报纸杂志、搜索引擎

续表

判断维度	平台分类	判断依据	平台举例
功能	市场制造者	促进群体交易、出售交易机会	证券交易所
	观众制造者	匹配广告商和观众，出售消息	报纸杂志、门户网站
	需求协调者	提供产品与服务，激发互补产品之间的网络效应	操作系统游戏平台

（二）移动金融平台的特征

1. 网络外部性

"外部性"是一个经济学概念，主要是指经济主体的决策活动会对其他经济主体的福利产生影响的属性。[①] 平台模式下的外部性具体表现为，平台用户规模的变化会影响平台对其他用户的价值，平台价值的变化反过来又会影响用户的行为和决策。随着接入平台用户的增多，这种相互影响的关系会变得越发复杂，平台参与主体之间的这种网状关系被称为网络效应，又称网络外部性。

其中，新用户的加入若能使老用户的效用增加，就被称为正向网络效应；若效用减少，则被称为负向网络效应。比如，婚介中心作为男女婚恋的介绍平台，对于男性用户来说，其相互之间是竞争关系，男性用户的规模增加将减少其使用该平台的效用，因此男性用户之间的网络效应可被认为是负向的；而对于女性用户来说，随着男性用户规模的增加，其使用该平台的效用也相应增加，因此男性用户与女性用户之间的网络效应则是正向的。

网络效应根据所影响的用户所在群体，可以分为同边网络效应和跨边网络效应。同边网络效应指的是，一边市场群体用户规模的增长将会影响同一边群体内其他使用者所得到的效用，如一些社交网站的会员规模越大，分享的内容越多，其他会员所得到的效用就越大；跨边网络效应则指的是，一边群体用户规模的增长将影响另外一边群体使用该平台所得到的效用，如随着网站的会员数量的激增，第三方应用程序开发商开始入驻平台并成为一个新的群体，其所提供的游戏、新闻等服务可以改善网站用户的使用体验。在平台模式下，平台的用户规模必须达到一个特定的门槛，才能引发足够强度的网络效应，从而吸引新用户的加入。即在用户规模达到一定水平之后，在网络效应的正向循环作

---

① 国彦兵. 经济学原理 [M]. 北京：机械工业出版社，2020：197.

用下，该用户群体的规模有望实现内生性的持续高速增长（如图3-10中，用户规模只需突破Y点即可自动达到Z点），从而使得整个平台能够自行运转与维持，该用户规模门槛被称为临界数量或引爆点。

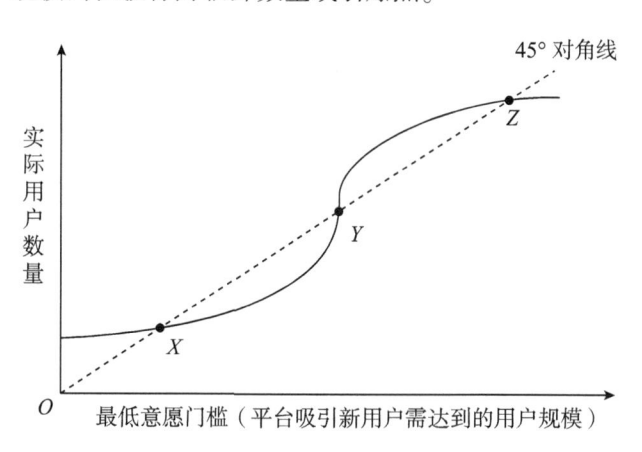

图3-10　平台用户市场成长生命周期（Y为引爆点）

由于前期需承担较高的沉没成本，平台企业通常在用户规模突破引爆点后，才能实现大量盈利。因此，平台企业在建设初期应该更重视资源投入的效率，而不是企业的收入或盈利水平。

引发用户引爆点的基本原则为：一方面尽力激发正向效应吸引用户；另一方面抑制负向效应的影响，并争取将其转化为平台获利机制的一部分。激发正向效应的措施包括发展知名用户、增强用户的话语权、为部分用户提供个性化服务等；抑制负向效应的措施则包括设立准入门槛、对用户身份进行鉴定、建立评分机制让用户彼此监督、将网络效应为负向的参与主体设定为"补贴方"、设立竞价排名机制允许用户通过支付费用获得排他性地位等。

支付清算产业具有网络外部性，兼具支付清算与电子通信功能的移动金融毫无疑问也具有该特征，且是其主要特征。网络外部性存在于当某种产品的使用者数量增加时，使用该产品带来的效用也会随之增加的情形。换言之，加入现存网络或者某使用群体的新用户能够给网络中的现有用户带来额外的好处。其中，直接的额外好处是使更多的人能利用网络技术直接或间接地相互交流；间接的额外好处则是通过让技术的制造商获得更多的收益，而促使其继续维持相应的产品和服务所带来的"涟漪效应"。

网络外部性理论被广泛应用于跨组织信息系统、电子数据交换、数码无线手机、银行间自动清算所（ACH）、电子银行、ATM网络等领域。例如，相互分享ATM网络的银行可以从它们ATM网络的发展中获得有利效果。这样，随着网络的发展，一个共享的电子银行网络对于银行和其持卡人而言的价值也会增加。

金融市场同样也表现出了网络外部性特征。因为交换市场规模的扩大会增加参与者的预期效用。交易双方参与越多，市场价格的变化就越小，从而增加了风险厌恶型交易者的预期效用。类似地，电子支付工具的使用所带来的效用取决于有多少消费者在使用同样的工具。使用同种支付工具的消费者越多，接受该工具的商家也会越多；反之亦然。因此，随着支付工具消费者的增加，支付工具会变得更加实用，从而使每个消费者的效用增加。

2. 互联互通

互联互通是运营商的网络与不在该网络中的设备或设施之间的物理链路。该术语既可以指某个运营商的设备和属于它的客户的设备之间的一个连接（设备间互联），也可以指两个（或更多）运营商之间的连接（网间互联）。管理者在电信市场引入竞争所使用的重要工具之一，就是强制要求处于支配地位的运营商实现互联互通。

标准化和兼容性是网络外部性的两个关键组成部分。提高标准化与兼容性的一个好处就在于，它可以消除"过度惰性"，这种"过度惰性"在使用者接受一项新技术或者要在若干个技术中进行选择时容易出现。有人认为标准化可以提高兼容性，这会扩大现有网络的覆盖范围，从而为使用者创造更大的价值，最终提升网络的外部性。此外，标准化也可以降低使用者的搜寻成本和协调成本。

从兼容性和互联互通之间的关系来看，关于为什么移动金融的发展在早期需要严肃考虑互联互通，我们可以从以下三个方面进行解释。

（1）移动金融服务的提供者几乎不能保证其自身达到了足够的规模，仅靠自己就可以维持其服务的吸引力。例如，假设一个发展中国家具备50%的有效手机普及率（以人数计而非SIM卡数），而在这个市场上，占主导地位的移动运营商已经占据高达50%的市场份额，且在其移动客户中移动支付服务达到一个非常可观的50%的渗透率（类似于短信服务）。这意味着该移动支付网络将平均服务1/8的人口（$50\% \times 50\% \times 50\% = 12.5\% = 1/8$），而其客户所需的业务将仅限于其转账的范围。也就是说，即使移动运营商已经控制了半数的市场，单靠其自身实力的话，仍然只能形成一个相对较弱的网络效应。

（2）如果服务提供者不互联互通，则用户会自己尝试实现。假设在上述方案中，现有移动运营商的移动金融客户很有可能以获取其他运营商 SIM 卡的方式，试图超越现有的相对较小的移动金融网络。对移动运营商而言，它们做移动金融的主要原因是为客户提供更加黏性的服务，若不存在使客户实现互联互通的方案的话，这一目标将遭到削弱。因此，为客户提供全额支付选择，包括组合间转账，以确保客户与移动运营商同在，才是更好的选择。同样的道理也可以应用于零售代理商。它们通过设计独立的有竞争力的移动金融方案，寻求打破现有移动运营商提供的方案。由此可知，实施排他性竞争很难，除非移动运营商本身具有极高的市场份额。

（3）通过平衡和持续的激励来锁定客户。规模较大、发展较快的移动金融服务提供商将互联互通视为对较为落后的竞争者的价值让步。在一定程度上这种说法并没有错，但是最该关注的是，如何最大限度地将客户锁定在自己的移动金融服务上。客户的锁定受以下两个变量的影响：客户加入这个方案的概率和客户选择不退出的概率。互联互通可以通过鼓励客户加入来帮助锁定客户。一般而言，竞争对手之间很难达成在关键业务上进行合作的决定，因为这通常涉及服务提供者是选择使总的蛋糕最大化还是只关注自己的份额。通常，在网络化的商业中，更多的参与者选择努力把蛋糕做大，这样它们各自的份额也就会越大。这也是为什么移动运营商具备自己的传统——它们早就发现，即使在不同网络上，最好的服务客户的方法仍是确保它们可以发送和接收到所有人的消息。但是现在，尚未看到这个逻辑推广到移动金融这一领域。在多数国家，移动金融的提供者互联互通的前景可能逊色于银行和 ATM 供应商的共享、移动运营商和移动设施提供商的共享。

3. 转换成本与消费者"锁定"

转换成本指的是当消费者从一个产品或服务的提供者转向另一个提供者时所产生的一次性成本。这种成本不仅是经济上的，也是时间、精力和情感上的，它是构成企业竞争壁垒的重要因素。① 如果消费者从一个企业转向另一个企业，可能会损失大量的时间、精力、金钱和关系，那么即使他们对企业的服务不是完全满意，也会三思而行。

当消费者已经从一个供应商购买了一种产品，而他想要转而购买其竞争者

---

① 邓斐. 忠诚增长 新零售时代的用户管理 [M]. 北京：中国财富出版社，2020：29.

的产品时，即使原供应商的产品非常老旧，不能很好地满足他的需求，如果他发现这种转换所付出的代价非常高，那么转换成本就出现了。当存在转换成本时，如果要选择的产品本质上是相同的，那么理性的消费者通常会对原产品表现出明显的忠诚。转换成本能够很强烈地激励消费者持续购买同一家公司的产品。更进一步来说，转换成本会造成网络外部性，即在市场中会产生一种压力将使用者"锁定"。虽然在这种情况下并没有直接网络外部性的产生，但转换成本与不断增加的回报结合在一起会产生间接的外部性，即购买一种产品的消费者越多，这种产品就越容易生存，对其他消费者也就越有吸引力。然而，这也可能意味着一定的风险，即如果供给者正确地利用转换成本，即使是次等的产品也可能会在竞争中胜出。

4. 寡头竞争

回到平台，一方面，由于用户重叠或业务同质，平台企业之间可能存在冲突，平台之间的冲突关系可分为两种，即同类平台之间的"竞争"和跨领域平台之间的"覆盖"；另一方面，由于不同平台的用户之间存在正向网络效应，或者平台企业的业务之间存在互补性，平台与平台之间也有可能产生一定的协同效应。

（1）同类平台之间的竞争。竞争指的是拥有同质性业务的平台企业，运用相似的商业模式争夺同一用户群体，竞争的结果往往形成"赢者通吃"的市场格局。典型的例子如百度与 Google，Bing 等搜索引擎，均主要依靠关键词搜索广告盈利。国内的网民与广告商群体覆盖率较高，彼此具有竞争替代关系。针对同类平台之间的竞争，提高跨边网络效应、同边网络效应和转换成本是平台企业"赢者通吃"的必要条件。这三个条件满足的程度越高，市场就越有可能被该平台企业所垄断；反之，市场则越有可能被其他平台所瓜分。

（2）不同类平台之间的覆盖。覆盖指的是一个平台企业结合自身优势，凭借高额补贴或完全免费的战略，破坏其他平台企业的利润来源，甚至重构该领域的盈利模式，以此瓦解原平台企业的市场地位，并抢夺其客户资源。典型的例子如 iPhone 对功能机的取代以及微信对移动短信业务的冲击。

（3）平台之间的协作。平台之间的协作通常出现在不同类平台之间，尤其是在两个或多个平台的用户群体之间存在相互的正向网络效应，或者平台之间业务存在一定的互补性的情况下。典型的例子如 eBay 与 PayPal 等电商平台和支付平台之间的合作。

(4) 商业生态系统。随着平台的繁荣，多边群体逐渐增多，并吸引了大批第三方的参与，核心平台周围甚至出现若干外围平台，从而形成多平台之间相互协作的局面。所有平台企业与其连接的用户群体，联合其他相关方以及政策、经济、社会和技术等产业外部环境，共同构成一个"商业生态系统"。平台企业作为多边群体的连接者、多重资源的整合者、多方利益的协调者以及多维价值的引导者，在其中扮演核心角色。具体如图3-11所示。

寡头竞争是竞争和垄断的混合物，也是一种不完全竞争。在垄断竞争的条件下，市场上有许多卖方，它们生产和供应的产品不同。在寡头竞争的条件下，在一个行业中只有少数几家大公司（大卖方），它们所生产和销售的某种产品占这种产品的总产量和市场销售总量的绝大部分，它们之间的竞争就是寡头竞争。显然，在这种情况下，它们有能力影响和控制市场价格。在寡头竞争的条件下，各个寡头企业是相互依存、相互影响的。各个寡头企业价格的调整马上就会影响其他竞争对手的定价政策，因而任何一个寡头企业作出决策时都必须密切注意其他寡头企业的反应和决策。

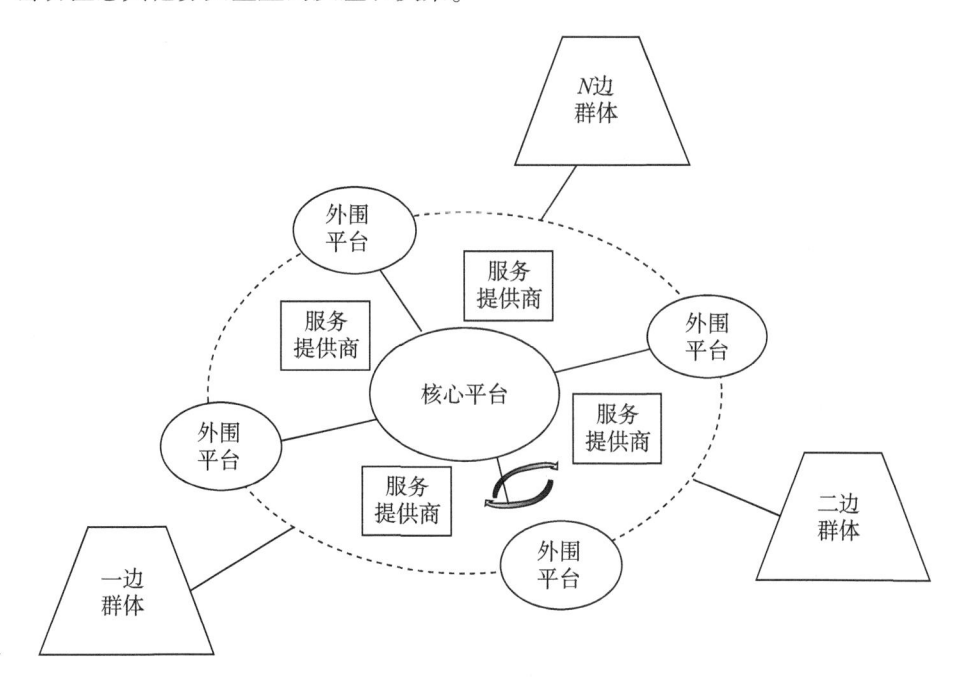

图3-11 以平台企业为核心的商业生态系统

在寡头竞争态势下，由于部分企业基本控制了整个市场，在一段时间内，别的企业要进入是相当困难的，但这并不等于永远没有市场机会。寡头之间仍然存在竞争，它们互相依存，任何一个企业的单独活动都会因其他几家企业迅速反应而受到约束。

在移动金融寡头关系方面，有一个非常有趣的方法可用于分析移动金融提供者（寡头）竞争的结果。即尽管电子支付的新形式，比起诸如信用卡等传统支付手段来讲，对卖方来说相对更为便宜，但通过一个经济学模型，研究者发现，卖家并不愿意为对其自身而言更为便宜的支付手段提供折扣，以鼓励消费者的使用。通常，卖家对所有支付手段一视同仁，对使用不同支付手段购买商品的消费者收取统一价格。研究表明，只有垄断卖家发现提供折扣以鼓励消费者使用替代性支付手段能达到最优，它们才会提供这种折扣。然而，从结果上说，竞争卖家提供这样的折扣几乎从来达不到最优。总体来讲，它们证实了卖家激化价格竞争的做法可能部分解释了上述结果，即竞争卖家不愿意通过提供折扣的方式鼓励消费者使用更新且更便宜的支付手段的结果。

第三节　移动支付的应用

一、移动支付的概念

移动支付是一种允许移动用户使用其移动终端对所消费的商品或服务进行账务支付的服务方式，包括手机订购、手机缴费、刷手机消费等业务。目前，使用手机进行移动支付已经在很多领域开展。由于移动支付具有操作简单、支付快捷、手机终端携带方便且私密性强等优势，必将在为相关产业带来巨大商业价值的同时，大幅提升用户的消费体验，对加速我国零售及公共服务产业的信息化进程具有非常重要的意义。

现阶段，移动支付市场主要有两种形式：一是通过手机话费直接扣除，因为受到金融政策管制的限制，目前只能提供微支付和小额支付解决方案；二是通过手机将信用卡与银行卡进行绑定，支付过程中直接从用户的银行账户扣款，这种情况下移动支付对于移动运营商而言仅相当于一般的移动数据业务。随着移动支付技术的不断发展，手机直接大额支付将是移动支付系统一个引人关注的发展方向。

二、移动支付业务

（一）移动支付典型流程

移动支付与一般的网络支付的相似之处在于，都要涉及消费者、商家、金融机构等；移动支付与普通支付的不同之处在于交易资格审查处理过程有所不同。因为这些都涉及移动网络运营商及所使用的浏览协议，例如 WAP、HTML、信息系统 SMS 或 USSD 等。移动电子商务的一般支付流程大体涉及消费者、商家、支付平台、移动网络运营商、第三方信用机构和设备制造商。其典型的流程如图 3-12 所示。

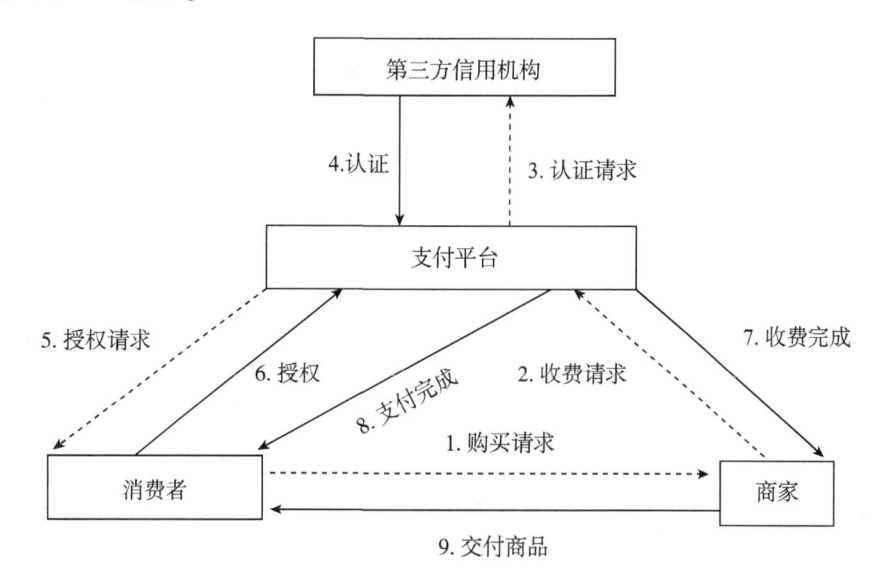

图 3-12 移动支付的典型流程

1. 购买请求

消费者可以对准备购买的商品进行查询，在确定了准备购买的商品之后，通过移动通信设备发送购买请求给商家。

2. 收费请求

商家在接收到消费者的购买请求之后，发送收费请求给支付平台；支付平台利用消费者账号和这次交易的序列号生成一个具有唯一性的序列号，代表这次交易过程。

3. 认证请求

支付平台必须对消费者和内容提供商账号的合法性及正确性进行确认。因此，支付平台把包含消费者账号和内容提供商账号信息的认证请求发送给第三方信用机构，由第三方信用机构对账号信息进行认证。

4. 认证

第三方信用机构把认证结果发送给支付平台。

5. 授权请求

支付平台在收到第三方信用机构的认证信息之后，如果账号通过认证，支付平台就会把交易的详细信息，包括商品或服务的种类、价格等发送给消费者，请求消费者对支付行为进行授权；如果账号未能通过认证，支付平台就会把认证结果发送给消费者和商家，并取消本次交易。

6. 授权

消费者在核对交易的细节之后，发送授权信息给支付平台。

7. 收费完成

支付平台得到了消费者的支付授权之后，开始在消费者账户和内容提供商账户之间进行转账，并且把转账细节记录下来。转账完成之后，传送收费完成信息给商家，通知商家交付消费者商品。

8. 支付完成

支付平台传送支付完成信息给消费者，作为支付凭证。

9. 交付商品

商业机构在得到收费成功的信息之后，把商品交给消费者。

由上面移动支付的典型流程可以看出，支付平台运营商在移动支付过程中起着非常重要的作用，它整合了移动运营商和银行等各方资源并协调运转，传递交易双方的各种请求。

(二) 移动支付传输技术

实现移动支付的主要传输技术有以下六种。

1. GSM 技术

相对于蜂窝数字分组数据（Cellular Digital Packet Data，CDPD）和 GPRS 等技术来讲，利用 GSM 技术来实现移动支付，无论从技术成熟性，还是从实现成本的经济性来考虑都是优先之选。当发生交易行为时，用户通过短消息将相关数据传送到移动支付系统或是其开户银行，移动支付系统或银行主机系统进行后台处理，处理结果也以短消息的形式返回到移动服务提供商的移动 POS 机上。

2. CDPD 技术

与 GSM 技术相比，CDPD 技术虽然应用不够广泛，但 CDPD 确实是公认实用的无线公共网络数据通信规程，它是建立在 TCP/IP 基础上的一种开放系统结构，支持用户跨区切换和全国漫游、广播和群呼，支持移动速度高达 100km/h 的数据用户，可与公用有线数据网络互联互通。主要优点是速度快、数据安全性高且数据的传输量无限制。

3. WAP

WAP 提供了一套开放和统一的技术平台，用户可以通过移动设备的 WAP 功能接入移动支付系统或是银行卡系统，发送有关交易数据或是接受账单信息。WAP 提供的一种应用开发和运行环境，能够支持当前最流行的嵌入式操作系统，它支持目前使用的绝大多数无线设备。在传输网络上，WAP 支持目前的各种移动网络，如 GSM、CDMA、PHS 等，也可以支持未来新一代移动通信系统。

4. 移动 IP

移动 IP 通过在网络层改变 IP 协议，从而实现移动终端在异质网络中的无缝漫游。在移动 IP 技术下，节点在一条链路切换到另一条链路上时，无须改变它的 IP 地址，也不必中断正在进行的通信。但是它也面临着一些问题，如移动 IP 协议运行时的三角形路径问题、移动主机的安全性和功耗问题等。

5. 蓝牙（Bluetooth）技术

蓝牙是由爱立信、IBM、诺基亚、英特尔和东芝共同推出的一项短程无线连接标准，旨在取代有线连接，实现数字设备间的无线互联，以确保大多数常见的计算机和通信设备之间可以方便地进行通信。蓝牙作为一种低成本、低功率、小范围的无线通信技术，可以使移动电话、PC、PDA、打印机及其他设备如自动售货机在短距离内无须线缆即可进行通信。

6. GPRS 技术

GSM 用户除通话以外，最高只能以 9.6kb/s 的传输速度进行数据通信，这种速度只能用于传输文本、电子邮件和静态图像等。GPRS 突破了 GSM 网只能提供电路交换的思维定式，将分组交换模型引入到 GSM 网络中。通过仅增加相应的功能实体和对现有的基站系统进行部分改造来实现分组交换，从而提高资源的利用率。GPRS能快速建立连接，适用于频繁传输小数据量业务或非频繁传输大数据量业务。GPRS是基于分组交换的，所以用户可以保持永远在线。

（三）移动支付工具

移动支付工具大致可以分为三类：一是电子货币类，如电子现金、电子钱包等；二是电子信用卡类，包括智能卡、借记卡、电话卡等；三是电子支票类，如电子支票、电子汇款、电子划款等。下面对几类重要的移动支付工具进行具体介绍。

1. 电子现金

电子现金又称数字现金，是一种以数字形式流通的货币，它把现金数值转换成一系列的加密序列数，通过这些序列数来表示现实中各种金额的币值。用户在开展电子现金业务的银行开设账户，并在账户内存钱，用预先存入的现金来购买电子现金，通过用户的计算机产生一个或多个64bit（或更长）的随机二进制数，银行打开用户加密的信封，检查并记录这些数，进行数字化签字后再发送给消费者。经过签字的每个二进制数表示某一款额的电子数字，用户可用这一数字在接受电子现金的商店购物。

目前，广为接受的电子现金有两种模式：e现金（Electronic Cash，E-cash）和集成电路（Integrated Circuit，IC）卡型电子现金。其中，e现金是一种在线电子现金，可储存在计算机硬盘中，将代表纸币或辅币所有信息进行电子化的数字信息块。通过将现金数值转换成一系列的加密序列数，用这些序列数来表示现实中各种金额的币值。IC卡型电子现金是一种存在IC卡的存储器内，由消费者在自己的钱包里保存的虚拟货币。这种IC卡是一种专门用于存储电子现金的智能卡，而从卡内支出现金或是向卡内注入现金时，则通过改写卡内的余额记录进行处理。

2. 电子钱包

电子钱包是一个用户用来进行安全网络交易特别是安全网络支付并储存交易记录的特殊计算机软件或硬件设备，如同生活中随身携带的钱包一样，特别在涉及个体的、小额网上消费的电子商务活动中，应用起来方便又高效。

电子钱包本质上是个装载电子货币的"电子容器"，可把有关方便网上购物的信息，如信用卡信息、电子现金、钱包所有者身份证、地址及其他信息等集成在一个数据结构里，以后整体调用，需要时又能方便地帮助用户取出其中的电子货币进行网络支付，是小额购物或购买小商品时常用的新式虚拟钱包。因此，在应用电子钱包时，真正支付的不是电子钱包本身，而是它装的电子货币，与生活中使用的传统钱包的功能类似。

3. 智能卡

智能卡就是外形上类似信用卡，但卡上不是磁条，而是计算机的集成智能芯片，用来存储用户的个人信息和电子货币信息，且具有支付与结算功能的消费卡。由于智能芯片储存了消费者信息和电子货币信息，因此，它不但存储信息量大，还可以用来支付购买的产品和服务。智能卡结合了信用卡的便利，是集信息存储与计算机编程等多项功能于一体的综合体。智能卡本质上是硬式的电子钱包，它既可支持电子现金的应用，也可与信用卡一样应用，既可应用于专业网络平台上，也可用于基于互联网等公共网络的平台上。

4. 电子支票

电子支票也称数字支票，是将传统支票的全部内容电子化和数字化，形成标准格式的电子版，借助计算机网络（Internet 与金融专用网）完成其在客户之间、银行与客户之间以及银行与银行之间的传递和处理，从而实现银行与客户间的资金支付结算。简单地说，电子支票就是传统纸质支票的电子版，它包含和纸支票一样的信息，如支票号、收款人姓名、签发人账号、支票金额、签发日期、开户银行名称等，具有和纸质支票一样的支付结算功能。同时，电子支票还隐含了加密信息。通过电子函件将电子支票直接发给收款方，收款人从电子邮箱中取出电子支票，并用电子签名签署收到的证实信息，再通过电子函件将电子支票送到银行，把款项存入自己的账户。

电子支票是一种借鉴纸质支票转移支付的优点，利用数字传递将钱款从一个账户转移到另一个账户的电子付款形式。这种电子支票的支付是在与商户及银行相连的网络上以密码方式传递的，多数使用公用关键字加密签名或个人身份证号码代替手写签名。用电子支票支付，事务处理费用较低，而且银行也能为参与电子商务的商户提供标准化的资金信息，故而可能是最有效率的支付手段。使用电子支票进行支付，消费者可以通过电脑网络将电子支票发到商家的电子信箱，同时把电子付款通知单发到银行，银行随即把款项转给商家的银行账户。这一支付过程在数秒内即可实现。

（四）*移动支付技术——二维码支付*

目前，解决移动支付技术实现的方案主要有五种：双界面 JAVA card、SIM

Pass、RFID-SIM、NFC 和智能 SD 卡。在 NFC 的发展过程中必然会出现与二维码相关的领域，二维码也无法绕开 NFC 这项技术。

二维码是指在一维条码的基础上扩展出另一维具有可读性的条码，使用黑白矩形图案表示二进制数据，被设备扫描和解码后获取其中所包含的信息。二维码一般在长度、宽度两个维度上均记载着数据。

二维码支付业务在国外市场的应用主要发轫于 2011 年之后。从监管政策来看，为提高二维码支付业务的安全性、通用性，美国、欧盟、捷克等均已制定行业标准。付款人账户信息模式的风险主要在于如何保护二维码记载付款人账户信息的安全性，因此美国的标准是基于美国市场上流行的付款人账户信息模式做出的安全指南；商户信息模式的风险主要在于如何保护商户信息通过二维码传递到手机的安全性，因此欧盟和捷克的标准选择从二维码记载收款人账户信息的角度作出规定。国外的二维码支付服务提供商都选择遵循支付卡行业安全标准协会发布的支付卡行业数据安全标准。

在国内，部分第三方支付公司、银行以及支付设备提供商等机构尝试将二维码技术应用于支付领域，各机构对二维码使用的尝试和广度存在差异。目前，已推广和正处于研发阶段的相关产品主要涉及"个人对个人"的支付业务以及"商户对个人"的支付业务。按照扫码动作的发起者，一般可以分为主读模式和被读模式，按照交易的流转过程可以分为纯线上和线上线下相结合两种支付业务模式。

任何支付技术都有一定的安全风险，使用不当都会导致安全隐患。二维码支付给用户带来一定的支付便捷性，但便捷性和安全性在多数情况下是一对矛盾体，需要在不违反基本法律法规的基础上对二者做出平衡，并采取适当的补偿措施以降低因提升便捷性而带来的安全风险。二维码技术在支付领域的使用涉及两个关键环节：一是二维码作为信息载体；二是二维码的读取。如果不能有效地处理好这两个环节，则可能带来安全风险。

信息载体风险主要表现在敏感信息直接编码引起的信息泄露风险、信息被篡改风险、木马病毒风险、信息复制风险。读写环节风险主要表现在钓鱼风险以及支付解决方案风险。现阶段，二维码支付作为移动支付的一种模式，其风险等同于移动支付，包括在总体控制上的综合安全控制策略风险和信息的安全性认证不足风险、数据风险中的因手机环境不可信引发的二维码支付风险、身份验证环节导致的风险和数据传输与存储风险。

目前，二维码支付方式可分为主动扫码和被动扫码两类。主动扫码是指用户通过扫描二维码打开一个订单，然后进行支付。二维码中含有订单的信息，用户扫描到二维码后即可打开该笔订单，而之后的支付过程与一般的移动支付无异。被动扫码是指用户在手机上生成一个临时的二维码，店员扫描用户手机上的二维码完成收款。店员扫描到二维码后即可识别用户的账户，然后通过服务器多次验证，完成收款过程。相对来讲，被动扫码的安全性比主动扫码要高一些，因为二维码中包含的信息肉眼无法识别，用户难以确定一个二维码是不是安全的，如果主动扫到不安全的二维码，则有可能遭遇攻击；但被动扫码是由用户自己生成二维码给对方扫描读取，虽然有泄露个人信息的风险，但通过信息加密可以在一定程度上控制这种风险。

第四节　移动银行的应用

一、移动银行的概念

关于移动银行，国外有学者将其定义为"通过移动技术，与银行账户或特定的银行服务相联结而获得银行服务的模式"。通过移动技术开展的最受欢迎的银行服务有以下三种：①国内、国际的点对点货币转移；②获取现金和购买商品；③支付账单和偿还贷款。

移动银行是一种附加的或者变革的模式。这种结合移动技术的附加型服务模式，可以作为金融机构的另一个分销渠道。根据移动银行由哪个主导的零售代理商发起，移动银行模式可归为银行驱动模式、移动运营商驱动模式、银行与移动运营商共同驱动模式以及第三方机构驱动模式。在一个确定的地理范围内，一种模式能否为大众广泛接受，在很大限度上取决于这个地区的人口特点及社会经济和政治因素。

移动银行的意义体现在三个层面：①它为一些没有银行的地方提供了金融服务；②它提出了监管和竞争政策等重要问题；③它通过拆分和分解的金融服务，来洞察这些服务的本质。

二、移动银行业务

移动银行业务是利用以手机为代表的移动终端设备办理有关银行业务的简称。作为一种结合了货币电子化与移动通信的新型服务，移动银行业务不仅可以使人们在任何时间、任何地点处理多种金融业务，而且极大地丰富了银行服务的内涵，使银行能以便利、高效且较为安全的方式为客户提供创新服务。

（一）移动银行系统架构

移动银行系统是以用户随身携带的移动设备为终端，通过签订移动金融服务协议，为客户和银行打造一个以客户服务为中心、集各种银行服务资源于一体、综合运用多种移动通信技术与渠道的新一代金融服务平台。

1. 移动银行系统构成

移动银行系统总体上可以分为两个部分，即无线接入平台和移动业务系统，如图3-13所示。移动用户利用手机、掌上电脑等终端设备，通过移动通信服务商提供的无线网络，接入移动通信平台，获得金融服务；移动业务系统通过银行接入系统获取账户信息和金融服务，同时管理移动金融服务的签约客户。

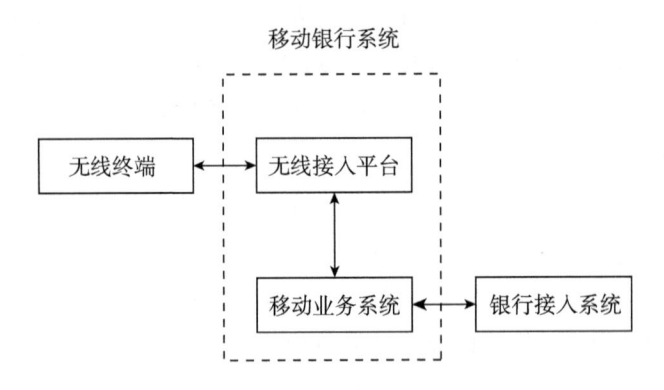

图3-13 移动银行系统的基本构成

移动银行系统无线接入平台是一个整合了无线通信渠道，综合了无线通信技术模式的开放式平台。无线接入平台具备良好的兼容性和可拓展性；移动业务系统提供银行业务处理功能，能很好地兼容银行原有的POS、ATM网上银行等系统。

无线接入平台和移动业务系统的相对独立性最大限度保证了系统的开放性

与灵活性。通信模式的改变和业务逻辑的改变相互独立，使移动银行系统成为一个自适应的动态系统，具有很大的优越性。

移动银行系统主要包含以下模块。

（1）登录模块。登录模块是离移动银行用户最近的模块，与它相关的有用户注册模块和用户认证模块。其主要完成移动银行与用户应用之间的认证和导航功能，对用户端数据进行认证和分析，并根据用户端的要求把用户应用导向不同的业务处理模块。

（2）业务模块。业务模块由业务请求接口、业务管理模块、业务线程控制模块和各具体业务模块组成。业务请求接口接受用户的业务请求，分析请求参数并传递给业务管理模块。业务管理模块根据请求内容将数据发送到对应的功能模块进行处理，负责访问移动银行数据库，并向业务请求接口返回数据。业务管理模块对参数分析后确定为个人用户账户查询业务，然后访问数据库获得用户信息，传递给查询业务模块进行业务操作。业务线程控制模块为每一个业务请求生成一个业务管理线程，并负责资源分配及线程同步。具体业务功能模块负责具体业务处理，并可以进行动态添加，从而方便系统升级，实现了系统的灵活性。

（3）数据库模块。数据库模块包括数据库、数据库管理模块、数据库访问缓冲池。数据库存放的用户信息包括个人信息、用户账户信息、用户开通业务信息、用户状态信息以及银行业务数据等。数据库管理模块对所有数据库的访问进行管理，生成访问线程，进行调度，并对数据库访问缓冲池进行分配管理。

（4）管理模块。管理模块包括系统监测模块、用户管理模块、子业务管理模块、管理界面模块。系统监测模块监测系统运行参数，可以进行数据流量的查询统计、报表打印，管理员通过它查找和排除系统运行时的问题；用户管理模块管理用户数据库；子业务管理模块负责子业务的升级、安装、卸载等；管理界面模块是系统管理员的操作界面，是系统监测模块、用户管理模块、子业务管理模块和管理员间的接口。

（5）通信模块。通信模块的实现方式与移动银行系统的技术设计有关，主要分为两种：一种是基于 WAP 的通信网关设计，另一种是基于短信息的通信网关设计。无论是基于哪种设计方法，其目的都是与移动通信公司实现数据交换，区别在于数据的处理方式和传输模式不同。移动银行系统综合利用全方位的移动服务渠道，具有服务使用方便、安全、无用户接入壁垒、覆盖面广、实用性强等特点。该系统独立于无线通信技术，整合了多种无线通信渠道，综合多种技术模式的优点；按需而设，具有良好的可拓展性，为提供个性化的、以用户为中心的崭新金融服务模式奠定了良好的技术基础。

2. 移动银行逻辑网络结构

如何通过手机在用户和银行业务系统中架起一座桥梁，使得用户的业务需求数据能到达银行业务主机，这需要移动运营商和银行的紧密合作。结合当前银行自身业务系统建设、移动数据通信技术和市场发展的状况，具体有四类系统逻辑网络结构。

（1）普通短信方式。普通短信方式的移动银行逻辑网络结构是指在普通短信方式的移动银行系统中，客户使用手机短信息功能发送交易信息到移动或联通公司的短信息系统，短信息系统通过短信网将信息发送至银行端的短信平台，该平台对接收到的信息解密，进行合法性验证。如果校验正常，则发送到银行主机业务处理，最后主机将处理结果通过反向途径发送给客户。

（2）STK（Satellite Tool Kit，卫星工具包）方式。STK方式的移动银行逻辑网络结构是指客户手机使用具有STK功能的SIM卡，通过操作SIM卡中的手机菜单，输入有关交易信息，将要发送的交易信息按照约定格式打包并加密，通过短信息发送至移动通信运营商的短信息中心。短信息中心通过数据包头的识别确认请求的目的地址，并将信息通过数字数据网（Digital Data Network，DDN）或者帧中继发送到银行的移动银行交易服务器。该服务器对接收到的信息解密，并进行合法性校验。如果校验正确，则送银行主机进行业务处理，最后主机将处理结果通过反向途径发送给客户。

（3）WAP方式。WAP移动银行的实现可以通过WAP手机配备的微型浏览器，利用手机的无线上网方式通过GPRS或码分多址（Code Division Multiple Access，CDMA）接入WAP网关。WAP网关与银行之间通过专线传递数据，数据到达银行的移动银行系统后，经过安全校验，无误后向银行的业务处理系统发出交易请求，得到结果后返回至客户手机。

（4）K-Java/BREW方式。移动公司客户使用嵌入式设备的Java软件（Java 2 Micro Edition，K-Java）移动银行，联通公司的客户使用无线二进制运行环境（Binary Runtime Environment for Wireless，BREW）方式，分别接入移动公司的百宝箱平台和联通公司的神奇宝典平台，这两个平台通过专线连接至移动银行平台，移动银行平台对数据进行处理后，将交易请求发送至银行后台业务处理系统,得到结果后返回至客户手机。

3. 移动银行软件架构

在软件架构上有两种可行的实现模式:一种是采取客户端/服务器(Client-Server, CS)架构将客户端软件装在客户手机内,另一种是采用浏览器/服务器(Browser-Server, BS)架构的浏览器方式来与客户进行交互。

(1) CS架构。CS架构采用K-Java技术将客户端软件安装在客户手机中。K-Java技术是专门用于嵌入式设备的Java应用技术。使用K-Java技术的客户端软件其优势在于:第一,采用图形化界面,操作界面非常友好;第二,采用1024位的非对称加密算法认证加密技术和128位的三重数据加密标准(Data Encryption Standard, DES)加解密技术,安全性相对较高。其局限性在于:第一,目前支持K-Java手机价格偏高,某些支持K-Java的手机可能不支持空中下载;第二,对不同型号的手机无法做到统一的显示,运行界面中文部分可能出现乱码,需要对不同型号的手机做部分针对性的开发,每推出一款新手机都要测试;第三,应用大小必须控制在一定范围以内。

(2) BS架构。BS架构采用WAP技术通过手机浏览器的方式与客户进行交互。WAP方式的优势在于:第一,银行的开发量很小,仅需在网上银行的基础上开发无线标记语言(Wireless Markup Language, WML)的版本即可;第二,字符内容浏览,实时交易;第三,GPRS的出现,改善了浏览速度。其局限性在于:第一,客户需要有支持WAP的手机;第二,只能处理文字,界面简单。

可以看出,BS架构与CS架构相比,具有开发周期短、扩展性强、推广性好的优点。移动银行在BS模式的基础上采用Java 2平台企业版(Java 2 Platform Enterprise Edition, J2EE)三层结构,将表示逻辑、业务逻辑、数据逻辑进行有效的分离,使系统具有清晰的结构框架。

(二) 移动银行的实现方式

目前已经普遍应用的移动银行的实现方式主要有两种。

第一种是GSM短信方式,它利用移动通信公司的GSM短信息服务结合SIM卡技术,在移动通信运营商端建立短信网关,通过专线与银行连接,移动运营商提供无线接入平台。其交易流程为:银行前置系统接收短信网关转发的相关信息,提交银行后台主机完成相关查询和交易业务处理,然后将处理结果加密后转发至短信网关,通过短信中心发送到用户手机,手机解密后显示中文信息。

GSM 短信方式要求用户手机使用具有 STK 功能的 SIM 卡，通过操作 SIM 卡中的手机菜单，输入有关交易信息。STK 可以理解为用于开发增值业务的小型编程语言，它为 SIM 卡的增值业务提供了可开发的环境，即一个简单、易操作的开发平台。

第二种是 WAP 方式，是指通过手机等移动通信终端显示互联网的语言文字和相关信息的通信协议。WAP 方式的移动银行利用目前 GSM 语音通道接入移动通信运营商端的 RAS 服务器，通过 WAP 网关接入银行前置系统。这种方式可以通过 WAP 手机配备的微型浏览器，实现手机上网。

移动银行的这两种实现方式各有特点，GSM 短信方式费用低，其包含的内容也有限；相比之下，WAP 收费明显要高，但其直接连入网络的特点给用户带来不少的便利。

（三）移动银行系统运作流程

在移动银行的业务流程中，各要素的关系如图 3-14 所示。银行服务器、银行前端机及银行数据库相互协作，通过银行服务器，连接到有线网络，再依托运营商服务器连接至无线网络，完成移动银行的整个业务流程。

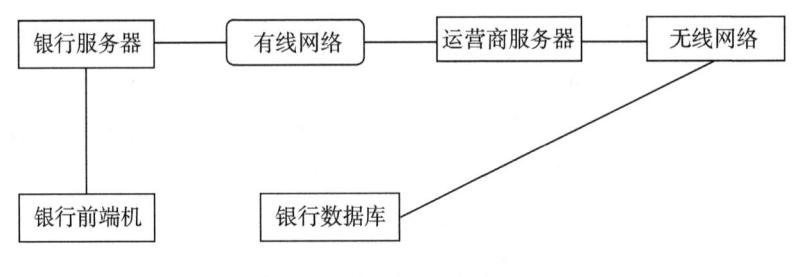

图 3-14 移动银行业务关系

1. SMS（Short Message Service，短信服务）移动银行系统运作流程

以中国移动的全球通为例，目前我国基于 SMS 技术的移动银行实现的基本路径是，用户在签约移动银行后，在网络覆盖范围内使用该公司推出的移动银行卡（STK 卡），由客户端主动发起，通过手机操作智能菜单，依托移动 GSM 无线网络，以短信息为传输手段，将客户要求办理的转账支付业务或金融信息查询业务等传递给银行，银行再将客户的业务处理结果和金融信息查询结果实时传递给用户，使客户的需求得以随时随地实现。

（1）签约流程。客户在银行网点柜面办理移动银行签约手续时，选定所需服务项目，柜员将客户账号、手机号、服务内容发送给移动银行系统主机，主机将签约信息发送至银行后台，验证、登记成功后，移动银行主机再进行记录，如图 3-15 所示。

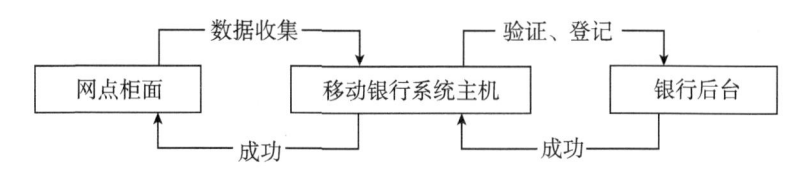

图 3-15 签约流程

（2）运作流程。用户通过向移动公司发送短信来向移动银行输入相关业务请求；经移动公司短信平台处理后，通过专线传送到银行主机；银行数据中心收到移动短信指令，进行实时处理，将业务处理的信息以短消息对等协议的格式，通过专线传输到移动短信平台；移动短信平台再将银行相关信息传送到用户手机。详细运作流程如图 3-16 所示。

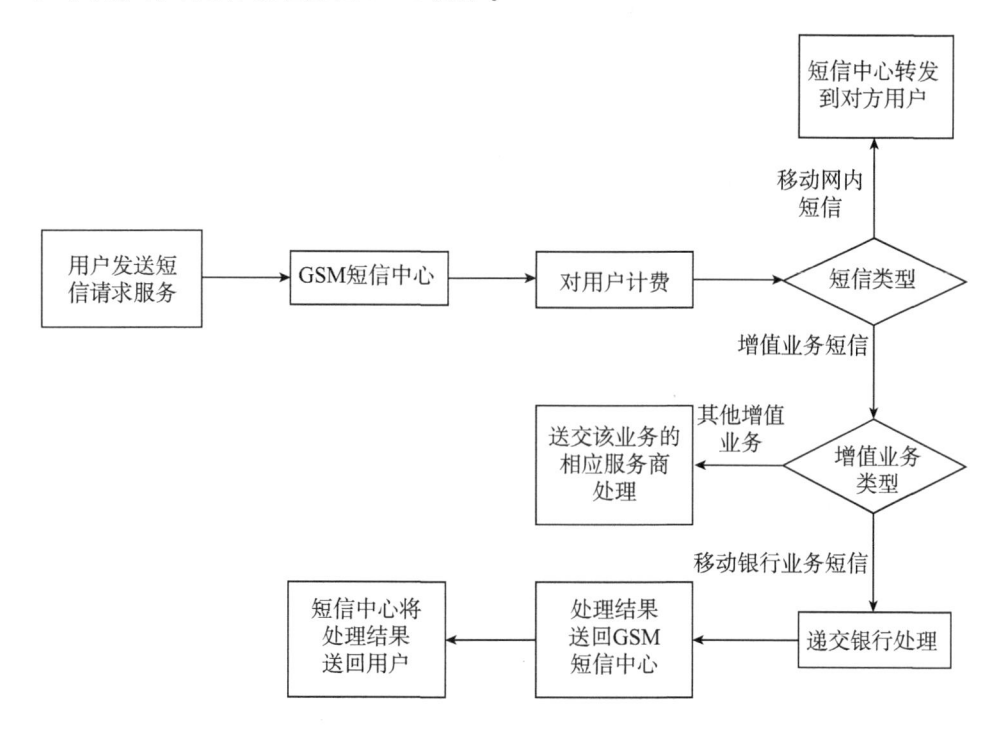

图 3-16 移动银行业务详细运作流程

具体而言，客户激活业务请求，将短信通过无线网络发送到移动网关，经基站收发台、移动交换中心等网络节点最终到达短信交换中心，由交换中心进行中继,转发至银行的短信网关,银行网关解析应用协议数据单元并将负载部分转发到银行业务主机,并通过后台的数据处理生成回复报文,最终完成用户对移动银行应用的请求过程。根据以上过程,图 3-16 可简化为图 3-17 的链式流程。

图 3-17 移动银行的简化业务流程

2. WAP 移动银行系统运作流程

随着 WAP 手机的广泛使用,手机上的无线应用越来越多,移动银行软件系统就是在无线应用平台上的一个具体应用。该系统是一个用于移动电话的无线互联网应用软件,它使基于 Web 的有线互联网的网上银行的功能在无线互联网中得以实现。目前,在无线应用平台上运行的移动银行软件系统已在交通银行的某些分行正式使用,使用户真正做到移动交易。

(1) 无线应用平台。无线应用平台的设计思想是将功能模块化、通用化,软件人员在该平台上进行二次开发时,只需很小的改动,就可以完成一个具体的应用开发。整个平台的功能流程如图 3-18 所示。

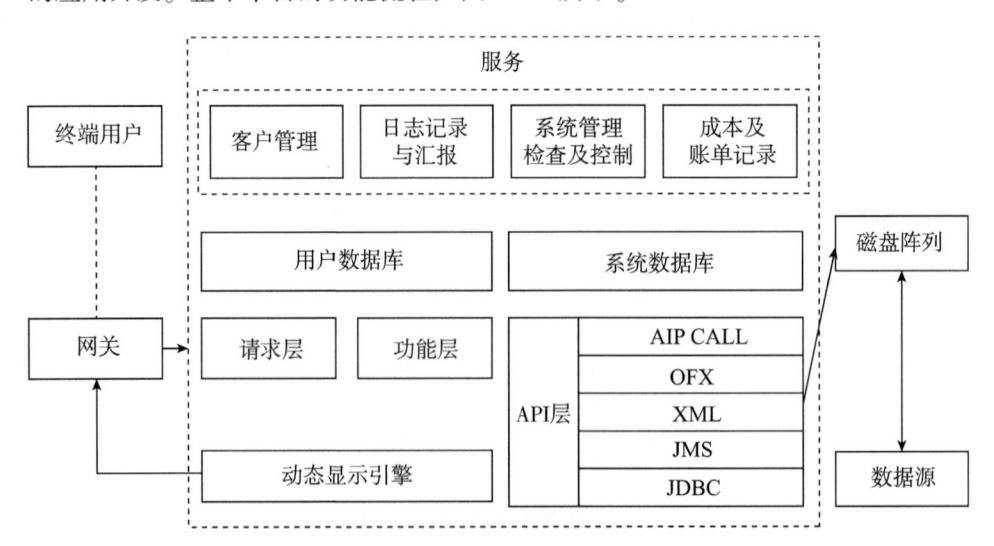

图 3-18 无线应用平台的功能流程

应用服务器的核心部分主要由请求层、功能层、API 层和动态显示引擎四部分组成，如图 3-19 所示。系统通过在这四个部分上的运行来提供服务。

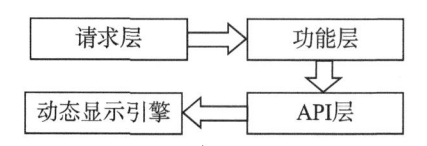

图 3-19　无线应用平台的核心构成

请求层负责从设备或网关获取超文本传输协议（Hyper Text Transfer Protocol，HTTP）请求，记录发出请求的呼叫者身份标识号，从而处理个性化和授权功能。它可以识别请求和找出该请求需要哪个功能，然后将请求转发给功能层做进一步处理。功能层根据从请求层获得的请求，调用合适的应用程序编程接口（Application Programming Interface，API）和/或显示模板来处理请求。API 层主要用来连接后台数据库，处理接收到的数据。它通过可扩展置标语言、Java 数据库连接等技术，实施数据与后台系统的集成。动态显示引擎处理所有提供功能的显示逻辑。显示逻辑在动态显示引擎处理后，选择与之相匹配的显示模板，将 API 和后台系统处理过的数据显示在屏幕上。

从 WAP 网关传送过来的每个 HTTP 请求首先通过请求层进行预处理，然后转发给功能层；功能层调用相应的 API 来处理请求，再调用动态显示引擎获得最优的显示模板；最后，创建显示文档，发送回网关，最终到用户手机。

（2）WAP 移动银行整体流程。首先，服务器启动 WAP 网关和远程访问服务器，手机用户通过 Modem 拨号或分组无线电业务上网，登录到远程访问服务器发出请求，WAP 网关将 HTTP 请求传送到后台应用服务器进行处理，应用服务器从银行后台系统获取相应数据，以 WAP 置标语言（WML）格式返回给 WAP 网关进行压缩和加密，再通过移动运营商返回到用户手机上，用户就可以在手机上浏览所需的资料。整体流程如图 3-20 所示。

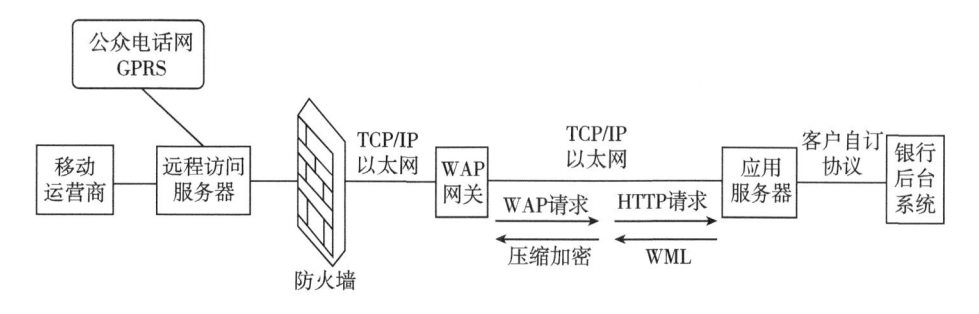

图 3-20　基于 WAP 技术的移动银行整体流程

第四章 移动电子商务在医疗领域的应用

移动医疗是当前新兴的、受到广泛关注的多学科交叉的研究领域。它将现代科技的技术创新与医学的临床及护理知识相结合,基于无所不在的网络、移动通信技术以及各种不同的移动设备,随时随地为人类提供与医疗相关的信息和服务。本章是对移动电子商务在医疗领域的应用的研究,内容包括移动医疗概述、移动医疗系统管理及移动医疗在不同医疗服务中的应用分析。

第一节 移动医疗概述

一、移动医疗的定义

移动医疗是通过无线网络、移动通信以及无线识别等先进技术,借助移动终端等智能设备,通过医疗信息技术建设,实现实时的远程、床边等医疗服务,它改变了传统的医疗模式,有效提高医疗效率和对患者的服务水平。

美国医疗信息和管理系统学会(Healthcare Information and Management Systems Society,HIMSS)将移动医疗称为"mobile health",即通过使用移动通信技术,如掌上电脑、移动电话和卫星通信等移动智能终端来提供医疗服务和信息。[1] 通过移动互联网传播健康知识、普及医疗信息、实施诊断分析、给出治疗建议、满足用户的个性化需求。

---

[1] 刘迪,奚洋,沈锋,等. 电子病历在移动医疗领域的研究与发展 [J]. 无线互联科技,2018(23):156-157,166.

二、移动医疗应用环节

当今社会，人们越来越多地关注如何在日常生活中促进健康，以及如何有效预防和控制慢性疾病（如高血压、糖尿病等）的发生。同时，慢性病的产生与否也和日常生活方式是否健康息息相关。因此，移动医疗通过在人们的日常生活、疾病预防、入院治疗、院后康复各个环节的应用，以更便捷的方式，让每个个体能够及时并清晰地了解自己的身体情况。

（一）日常健康管理环节

随着生活水平的提高，人们对于自我健康的认知也随之提高。在日常健康管理环节，各种用于健康管理的可穿戴健康跟踪设备及健康类移动 App 开始广泛地应用。通过应用这些移动终端，可以对用户的体征数据，如睡眠、饮食、运动、营养等进行实时监测、收集、处理并分析，之后对用户的身体和健康情况进行评估，并与身体健康指标进行比对，从而能够为用户提供具有针对性、个性化的健康知识、建议和指导，最终帮助用户建立良好健康的生活方式。

例如，运动手表和移动健康类 App，通过收集各式各样的运动过程信息，如跑步距离、速度、节奏、心脏状态等，不仅可以计算身体质量指数、卡路里能量消耗，提供饮食和运动指导，同时可以呈现个人健身的长期趋势走向，从而帮助用户建立个性化的瘦身或健身计划，实时了解自己的健身表现。此外，健身数据还可以通过网络在人群中交换和共享，让健身活动变得更有乐趣。

（二）慢性疾病管理环节

慢性病通常难以完全治愈，需要对患者进行持续的观察与治疗，并且及时、全面地了解患者的相关信息。利用可穿戴医疗设备或移动医疗 App，对人体数据进行动态监测，一方面，能够帮助人们尽早发现人体的亚健康状态或慢性疾病潜在症状，及时发现异常，尽量降低慢性病的发生概率；另一方面，对于已有慢性病的患者，能够及时测量与慢性病相关的各类数据，并可以将不同时段的数据提供给医生。

例如，对于普通人群或糖尿病患者，在血糖监测时要收集数据，一般都是在用户空腹状态下或用餐后进行的。这样测量得到的数据，反映的只是某个时间段内的血糖指标，却无法得到总体而全面的人体血糖状况。利用可穿戴医疗设备或移动医疗 App，动态监测血糖水平的实时变化，可以得到更全面的数据。这样的数据不仅能够让用户本身实现有效的自我管理，同时可以支持医护人员全面了解用户的血糖变化，提供个性化建议和指导，从而帮助普通人群降低患病风险，帮助糖尿病患者实现更有效的血糖控制。

（三）入院诊疗管理环节

能够支持诊断治疗的移动医疗应用，通过收集患者的生理数据，以及患者提供的症状描述，可以为患者给出一定程度的疾病诊断，这种初期的诊断也为进一步的诊断治疗提供了基础支持。此外，有些移动应用可实现专业医护人员通过远程视频等方式进行诊断。通过采集并向医护人员提供连续的数据，为医生的临床医疗决策提供更有价值的参考。

例如，针对心脏病的治疗，仅做一次心电图无法对患者的病情进行全面的了解和有效的诊断。可穿戴心电监测设备可以对患者的心电数据随时跟踪记录。24 小时的全天候监测，不仅包括患者白天的心电活动，还包括睡眠时的心电数据。这样全面的数据为及时发现异常情况提供了支持，也可以帮助医生更准确地进行诊断和分析。

（四）出院康复管理环节

在患者治愈出院后的康复过程中，利用可穿戴医疗设备或移动健康医疗 App，通过持续追踪患者的身体健康数据和指标，不仅能够帮助患者了解自身的疾病及康复情况，同时也在患者和治疗医生之间建立了连接，从而帮助医护人员在患者出院后，追踪患者生理和心理情况、跟踪用药情况以及提供治疗跟进。由于医护人员对院外的患者情况有较全面的了解，也能够降低患者再次入院的可能性，使得患者尽早完全康复。

例如，中风幸存患者都会有一定程度的身体损伤。可穿戴医疗设备可以在中风后的康复计划中起到重要作用。针对上下肢康复的可穿戴式传感器可以记录患者的运动情况，并将数据上传进行分析。分析后的结果会反馈给患者，从而帮助患者调整与运动目标的偏差，同时理疗师也可以远程参与患者康复计划的调整和更新。

三、移动医疗的意义

从移动医疗的发展过程来看，移动医疗切切实实地改变着传统的就医观念和流程。其意义在于：移动医疗和传统医疗相比较，把对患者的服务真正延伸到床边是其一大特点，服务的延伸能够使医生更加清晰、直接地了解患者的信息，便于护理的床边体征采集、患者的用药比对等，真正实现了对患者的服务。

（一）患者识别更加准确

传统医疗模式对患者一般是通过姓名、性别、床号来识别，而一旦遇到重名等情况容易出现误诊等医疗事故。移动医疗对患者的识别是通过条码和射频识别（Radio Frequency Identification，RFID）技术。患者信息的唯一性，决定了用来标志患者信息的条码和RFID等标志的唯一性，使医护不再担心出现误诊现象，这比传统的识别更准确、快捷和有效。

（二）医护流程更为有效

在检查标本的传送过程中，传统的模式是把单据卷在标本（试管）外面或者压在标本（杯）下面，一旦混淆，全凭人工去区分，出错概率很大，而移动医疗通过条码管理，可以实现对单据、标本的全过程监控、管理，比传统的传送过程更加高效和安全。

移动医疗可以在床边进行医嘱录入或录音，实现全过程的医嘱执行监控，与传统医疗过程中先查房再靠记忆补录医嘱相比，避免了漏输医嘱的现象。

实现了床边护理，移动医疗能够全过程地进行护理评估记录管理，使护士在护理过程中受到全过程护理流程的规范指导。

（三）药品使用更加安全

移动医疗可以通过条码管理实现对药品在院内流通环节的全过程监控与管理。例如在发放药品给患者的过程中，可以实现发放实际药物与药品单、药品单与医嘱的双重比对，杜绝差错，减少医疗事故，使患者在使用药品时更加安全。

（四）有助于对手术部位的识别

手术前，医生可以通过移动终端实时调阅电子病历，并通过与患者标志比对确认正确的手术部位，避免误操作。

（五）有助于降低院内感染

移动医疗能够实现全面监控与追溯院内灭菌和消毒包的整个循环流程，保证院内消毒环节的正确和规范。

（六）更加方便人们了解就医流程与信息

通过医疗 App 终端，患者可以及时了解各个医院的科室设置及医生的相关信息，便于及时进行预约挂号以及了解检查、化验信息。

同时，还可以通过无线移动技术，推动在给药核对、标本采集、移动护理、医生查房、医嘱开立等多个方面的标准化与规范化，通过实时的数据采集实现信息采集的完整性和真实性。

四、移动医疗建设现状与发展思考

（一）移动医疗建设现状

近年来，国内医院已经开始逐步应用移动医疗技术。国内医院的移动医疗系统最早从无线输液系统起步，到目前已经涵盖了无线查房、移动护理、婴儿防盗、药物管理、血液管理、固定资产管理等多个方面，这些系统目前正在国内的三级医院逐渐铺开。移动医疗系统的建设促进了临床业务的发展，为患者提供了优质的服务。

随着电信行业 4G、5G 网络的建设与完善，以及智能手机的广泛应用，移动医疗的服务已经从院内向院外延伸，通过手机预约挂号、查询就医信息以及检查化验结果已经成为现实。同时，随着小型移动医疗设备的普及，为患者提供健康咨询与体检指导的健康网站也日益增多，这些移动医疗系统的诞生，对于公众来讲，可以获得更廉价、更便捷、更完善的基础医疗保健服务。

远程医疗这种借助电信及信息技术来实现的对异地患者的临床辅助诊断的技术，也是移动医疗的一个重要组成部分。目前，国内很多大医院都建设了自己的远程会诊系统，并且在所在地卫生行政部门的指导下搭建了省部级大医院—市级中心医院—县镇医院的三级远程会诊架构，为基层医院住院的疑难急症患者提供远程专家会诊服务。

（二）移动医疗发展思考

随着数字化、智能化医疗设备不断出现，以及移动计算技术、自动识别技术、智能传感技术、人工智能技术的不断发展和日益成熟，移动医疗技术将改变传统的医疗模式，有着更广泛的发展前景。

从目前的应用情况来看，移动医疗的应用发展势头强劲。医院对移动医疗的建设重视，生产厂家对移动医疗的前景普遍看好，患者对移动医疗有着更高的期望。一切都预示着移动医疗很快就会进入飞速发展阶段。但从现阶段来看，虽然部分移动医疗系统应用推广效果较好，但是整体来看，移动医疗仍处于起步阶段，真正嵌入医疗行业核心流程的信息化应用仍然偏少，制约了我国移动医疗产业的发展水平。

针对这种情况，移动医疗有必要先修内功，把提高医疗质量、保证患者安全和提高临床效率作为移动医疗建设的核心，依靠先进的移动计算技术、自动识别技术、智能传感技术和人工智能技术，在标准化、规范化上多下功夫，努力改造现有的系统，使现有系统确确实实做到提高临床质量和效率，确保患者安全。

同时，还要依靠移动计算、自动识别等信息新技术，对传统的医疗流程模型进行优化再造，构建多个闭环管理的数据链和标准化的业务流程。实现院前救治、院中诊疗、院后随访和健康管理全过程的标准化管理与标准化流程。

第二节 移动医疗系统管理

一、移动医疗相关技术及设备

（一）移动医疗相关技术

1. 移动计算技术

移动计算技术是随着互联网、移动通信、分布式计算、数据库等技术的发展而兴起的新技术，它是指利用移动终端通过无线网络与其他移动终端进行有目的的信息交互，是分布式计算在移动通信环境下的扩展与延伸。它的作用是随时随地为智能终端客户提供准确、有用、及时的信息，实现了无线环境下数据传输及资源共享。

移动终端可以是庞大的卫星、飞机、轮船等，也可以是日常使用的笔记本电脑和手机等，也包括传感器等看不到的设备，在移动医疗系统中，移动终端主要包括笔记本（平板）电脑、智能手机与便携式的血压计、血糖仪等医疗设备。

无线接入网络包括声波通信和电磁波通信网络，电磁波通信又包括红外线通信和射频无线电通信。移动医疗所用的无线局域网和电信的移动网络都属于射频无线电通信网络。

信息交互则是利用移动通信所进行的数据传输，是特定的应用服务。在移动医疗系统里，信息交互则根据移动查房、移动护理等系统要求进行数据交换。用户可以通过移动终端随时登录相关系统，录入或取得自己需要的信息。

移动计算技术实现了移动计算、数据传输及资源共享，将及时、准确的信息提供给任何时间、任何地点的任何用户。

2. 企业数字助理终端

为了满足实际应用的移动性和便携性的需求，摩托罗拉等厂家结合移动计算、无线呼叫、VOIP（Voice Over Internet Protocol，基于 IP 的语音传输）、条码和 RFID 扫描及成像等技术推出比传统移动计算设备更具功能和使用优势的企业数字助理（Enterprise Digital Assistant，EDA），是具有企业级应用程序操作性能的移动数据终端。

EDA 终端不仅具有传统移动计算设备所具备的功能，而且还支持一维、二维条码和 RFID 标签信息采集、灵活的语音和数据通信以及方便的无线局域网同步等功能。在结构设计上，不仅小型轻便，而且具有防水、防尘和抗摔等特性，可承受在多种环境中长时间使用的严格考验。

3. RFID 技术

这是一种非接触式的自动识别技术，它是通过射频信号自动识别目标对象并获取（或写入）相关数据的技术，又称电子标签。RFID 技术也是一种通信技术，可自动识别高速运动的物体，也可同时识别多个标签。

RFID 系统是一种简单的无线系统，它包括阅读器、电子标签（也称应答器）、天线和应用软件。阅读器是用来读取或写入标签信息的设备。电子标签由耦合元件及芯片组成，每个标签具有唯一的电子编码，通常附着在目标对象上作为目标对象的标志。天线通常都固定在阅读器上,用来在标签和阅读器之间传递射频信号。RFID 系统在医院中应用主要是通过 RFID 技术对目标进行定位,从而引申出了婴儿防盗、精神疾病患者管理、导医服务等相关系统。

(二) 移动医疗相关设备

1. 阅读器

移动医疗系统所用的阅读设备主要包括条码扫描器和 RFID 阅读器等。

(1) 条码扫描器,又称条码扫描枪。它是用于读取条码所包含信息的阅读设备,把条码的内容解码后通过有线或无线的方式传输到电脑系统中。

条码扫描器通常由以下几部分组成:光源、接收装置、光电转换器、译码器、计算机接口。条形码扫描器的基本工作原理:由光源发出的光线经过光学系统照射到条码符号上面,被反射回来的光经过光学系统成像在光电转换器上,经译码器解释为计算机可以直接接受的数字信号。

(2) RFID 阅读器。RFID 阅读器通过天线与 RFID 电子标签进行无线通信,实现对标签识别码和内存数据的读写操作。常见的高速公路的 IC 卡收费系统就是典型的 RFID 技术的应用。

RFID 阅读器通常都是由 RFID 射频模块(发送器和接收器)、控制单元以及阅读器天线组成。

2. 应答器

由于 RFID 技术在概念上和条码技术有相似之处,条码技术的读写是利用光信号把条码信息从条形磁里面读出来,而 RFID 技术是利用频率信号把信息由 RFID 标签传送至 RFID 阅读器。因此,这里只讨论 RFID 应答器。

一般的 RFID 技术都是把电子标签作为应答器,每个电子标签都有唯一的电子编码,附着在物体上用来标志目标对象。

RFID 技术衍生出来的标签有 3 大类:无源标签、有源标签和半有源标签。

(1) 无源标签:属于近距离接触式识别标签类。这种产品发展最早、应用最成熟,目前的应用范围也最广,如二代身份证、地铁卡、公交卡和社保卡等都属于此类产品。

(2) 有源标签:属于远距离识别类的产品。这种产品除了远距离识别外,同无源标签相比较,还具有识别稳定性强、读取速度快等优点,由于这种产品一般都要使用电源,因而其寿命比无源标签要短。有源标签目前应用也比较广泛，像医院的电子腕带、铁路机车识别等都是这种产品的典型应用。

（3）半有源标签：属于低频激活触发技术产品。这种技术也称为低频激活触发技术。它结合了有源 RFID 产品及无源 RFID 产品的优点，其工作时在近距离激活定位，远距离识别及上传数据。半有源标签平时都处于休眠状态，只有在其进入低频激活器的激活信号范围时被激活后才开始工作。

半有源 RFID 是一项易于操控、简单实用且特别适合用于自动化控制的灵活性应用技术，识别工作无须人工干预，它既可支持只读工作模式，也可支持读写工作模式，且无须接触或瞄准；可在各种恶劣环境下自由工作，短距离射频产品不怕油渍、灰尘污染等恶劣的环境，可以替代条码，如用在工厂的流水线上跟踪物体；长距射频产品多用于交通上，识别距离可达几十米，如自动收费或识别车辆身份等。

3. 数字移动监测设备

随着无线通信技术的推广和大数据技术的持续升温，通过网络利用相关的小型数字医疗设备监测、跟踪大众的健康状况，通过大数据分析以及相关的医生进行分析和指导，以达到防大病于未然的目的，这正是医改的方向之一。这一模式改变了传统的重治疗、轻保健的模式，有着广泛的应用前景。

在此前景之下，很多公司研制出了便于携带的轻便、微型医疗监测设备，这些设备在未来的大健康医疗模式下将会得到广泛的应用。

（1）智能远程医疗工具箱。智能远程医疗工具箱是专为在野外等生存环境比较恶劣的情况下应急使用的高科技医疗工具箱。它能够监测并显示患者的心跳、血压、体温等医疗数值，具有心电图、超声波检查和音视频远程会诊功能。数据可以通过无线网络等数据传输方式实时远程传送，方便急救人员与远程协助人员沟通，为患者进行最及时、有效的治疗。

（2）生命体征监控仪。生命体征监控仪的大小相当于一台固定电话机，上面有一个液晶显示屏和 4 个按钮，用来让患者通过网络与医护人员保持联系。患者定期连接健康伙伴上的生命体征监控和咨询设备，并按照屏幕上的指示说明收集数据。日常评估结果会自动上传到数据服务器上，由医生跟进监控。

生命体征检测仪具有测量血压、脉搏、体温、血氧饱和度以及手工输入体重、身高、呼吸频率等功能，并能够以无线的方式将数据传送到信息系统，存入患者的电子病历中。

（3）无线血糖检测仪。无线血糖检测仪由贴片、处理器、发射器和植入在皮肤表层的铂电极薄片组成。检测仪以固定的时间间隔（通常每隔5分钟测一次）计算血糖水平，然后将信息传递给输液泵，输液泵再以此计算出什么时候释放多少胰岛素。

目前国内有多家公司生产血糖监测仪，并在一些健康平台上面得到应用和实施。

（4）无线心脏衰竭压力测量监控仪。无线心脏衰竭压力测量监控设备由两部分组成：植入式无线传感器和外部的电子模块。无线传感器中有一片玻璃膜，会根据压力变化发生位移，这一微小运动会改变传感器中振荡电路的谐振频率。外部电子模块则跟踪测试和提示这些频率的变化。这种追踪方法检测的是患者肺部积水的情况。肺部积水是一种常见的并发症，往往需要住院。该设备能够在患者出现严重症状之前就检测到问题，以便医生及时处理。

（5）睡眠检测仪。睡眠检测仪由一个新式非接触性生物运动传感器和自动分析软件组成。非接触性生物运动传感器使用超低功耗的无线收发装置，探测人体的呼吸和移动，监测睡眠质量、呼吸情况以及睡眠呼吸暂停事件。睡眠检测仪将自动创建一份检测报告，同时将其发送到网站供医生参考。

（6）传感器衬衫。这种衬衫上的传感装置能对人体呼吸功能进行监测，睡眠呼吸暂停综合征患者穿上它后可以避免专门到医院睡上一夜才能进行检测的不便。这种衬衫还被用于药物的临床试验研究，对患者数据进行收集。

二、移动医疗App

（一）移动医疗App的优势与劣势

1. 移动医疗App的优势

移动医疗App已涉及诸多领域，包括预约挂号、问诊咨询、在线药店、结果查询、疾病查询、慢性病管理、医生工具、患者招募、健康宣教、个人健康档案设立等，尤其是对慢性病管理最为突出。如患者就诊前，可在线提前预约；就诊中，可查询就诊、检查、取药、交费时等待人数，还可查询相关诊疗费用并完成线上交费等；还可方便在线查阅检查结果；方便患者了解就医信息，既可让患者合理安排时间，又可有效缓解患者焦虑的等待心情。就诊后，患者还可以在线完成满意度调查或反馈信息。

现今移动医疗App定位于更加细分的市场。总之，可优化现有就医流程、改善患者就医体验、提高患者满意度，提升医院及医生在同地区行业中的竞争力。慢性病如高血压、糖尿病、肝病、肿瘤等给全球的健康和经济带来了沉重负担，对卫生服务体系提出了挑战，需要创新和有效的方法来提高公众的健康水平，进而推动我国慢性病的规范化管理。慢性病病程长，病情迁延反复，病死率高，需要长期持续地观察、治疗和随访，给患者及家属的经济及心理带来负担，迫切需要一个方便实用的 App，引导患者进行自我管理、促进医患交流，进而改善患者不良的生活方式，最终实现患者的自我监测与评价。远程、持续、及时的医疗，个性化的干预措施可提高依从性，达到降低患者医疗费用、提高患者生活质量等目的。

2. 移动医疗 App 的劣势

（1）医生端发展缓慢。医生是移动医疗的核心。建立医生团队是制约移动医疗的难题。虽然医生对移动医疗有兴趣，但因临床工作重，还承担着科研、继续教育等多种任务，很难抽出专门的时间和精力来参与。目前国内移动医疗 App 尚未实现较好的收益，低报酬也很难激发医生的兴趣，因而医生接受度和配合度较低。

（2）应用具有局限性。国家政策对互联网企业从事在线诊疗活动有诸多限制。医疗咨询和疾病查询是医疗健康类 App 的核心功能，但移动医疗 App 做出的专业诊疗意见的专业性、真实性、可信性无法保障。现阶段尚未建立跨医疗机构的电子病历和影像等系统，无法实现医疗机构之间的信息共享和深入整合，限制了移动医疗的发展。线上咨询和线下医疗分离，陌生的医患关系很难进行深入沟通，大多只停留在初步问诊阶段，也使得医生难以提供深入有效的医疗服务。此外，相关人群如老年人不熟悉操作限制了移动医疗 App 在老年人中的广泛应用。

（3）国家政策不明朗，缺乏有效监管。就我国目前的监管状况而言，移动医疗 App 的监管存在法律规范缺失，职责划分不清晰，没有针对移动医疗 App 的专项审核标准，产品服务及质量参差不齐，容易发生漏诊、误诊，易引发医疗事故或纠纷，甚至危及用户生命健康。此外，法律的空白使得一旦发生医疗事故或纠纷用户无从寻求法律保护，手机软件开发商及应用商店可利用法律空白推卸责任，用户权益无法保障，易引发严重的市场混乱。

（4）缺乏成熟的商业模式。尽管移动医疗市场份额巨大，但行业内依然没有明确与成熟的商业模式。现今的移动医疗主要有 6 种收费模式，分别是面向患者、医生、医疗机构、大公司、药品研发部门和保险公司。国外成熟的盈利模式无法直接嫁接到我国的土壤，国内的在线医疗费用无法纳入医疗保险范围，不仅增加了患者的经济负担，也限制了移动医疗的发展。

（5）移动医疗 App 同质化比较严重。目前，国内的移动医疗 App 数量众多，但除个别产品略具亮点，大多数产品设计雷同、功能单一，不能满足人群多样化需求。单一功能和内容雷同的 App 必将被淘汰，其中没有得到市场和大众的认可的医疗 App 极有可能面临被淘汰的结局。

（6）信息安全保护不足。移动医疗 App 带来便利的同时，也给数据的安全带来了威胁。用户在健康咨询、信息查询等时需填写部分真实信息，这些信息在采集、存储、使用过程中可能会被非法窃取或篡改，使信息的完整性、可靠性和真实性受到威胁。此外，医疗健康信息蕴藏着巨大的商业价值，利益驱使也增加了患者隐私泄露的风险。

（二）移动医疗 App 的发展前景

不断引进新技术并将多个功能整合将是 App 设计和研发的重点。公立医院信息系统更加开放，资源共享，移动 App 供应商在获得医院的许可与协议情况下，完成与医院信息系统的数据对接。系统可以将患者历次的检查、检验、用药等信息及各种数据采集设备，包括可穿戴设备和家用医疗器械等采集到的数据，利用大数据挖掘技术进行整合分析，得到患者的健康状况和疾病预警信息，建立健康档案，生成在线健康评估报告，为其提供个性化定制服务，包括信息推送、用药提醒、医生建议等，进而改善用户体验，增加用户对 App 的使用黏性。未来的移动医疗发展的一大趋势是将线上 App 应用与线下医疗服务和产品结合起来，线上咨询和线下医疗互为补充、同时开展，医疗器械、App 应用、管理平台间的合作和整合将是未来行业发展的趋势。未来移动医疗 App 将朝着"软件＋互联网＋医疗"的盈利模式发展。

（三）针对移动医疗 App 的发展建议

移动医疗 App 是未来医疗发展的趋势和方向，其以低成本、高效、便捷的优势改变着传统医疗模式，并逐渐改变了人们的就医方式，为患者提供便捷的入院前、入院后服务，还有助于改善医疗资源分布不均的难题，具有不可替代的作用。但因为我国的移动医疗 App 尚处于不断探索和完善中，还未形成规范完善的体系，故还需进一步深化和细化。

1. 提高移动医疗 App 使用率

根据医护人员的需求设计改进 App，加大宣传力度，提高物质奖励和精神奖励，号召和吸引更多的医护人员参与到 App 中来，提高医护人员对移动医疗的参与度和满意度。在保障信息安全的情况下，提高公立医院信息系统开放度，做到信息共享，提高使用率。移动医疗 App 还需考虑患者多方面的需求，如定制个性化服务、增加医患互动、将移动医疗费用纳入医保体系等，让更多的患者参与进来。

2. 规范管理移动医疗 App

移动医疗 App 的监管和质量问题是该市场发展的瓶颈和关键，还需要政府、网络运营商、移动终端制造商、软件开发商以及医疗机构通力合作，明确 App 审核和监管、医师资质审查、医疗纠纷处理、消费者维权等问题，明确医患法律责任，清晰权责，实现责任追溯。对手机健康软件的安全性以及其可能存在的潜在危险进行风险评估，将移动医疗 App 分为低风险、中风险、高风险分别进行监测，避免因产品质量问题对用户健康造成威胁。由于软件更新升级的速度很快，还需定期进行质量控制，对不良事件进行监测、评估、追溯、处理。政府相关部门还需出台 App 设计知识产权保护制度和措施，保障移动医疗 App 的健康有序发展。

3. 加强信息安全保障

医疗健康信息属于高度敏感性信息，必须加强对患者个人信息安全的保障，加大对泄露患者个人信息的违法行为的打击及惩处力度，以便更好地维护患者的合法权益。

4. 完善功能，提高技术支持

用户期望移动医疗 App 拥有强大的功能，在 App 的操作性及舒适性等方面也提出了更高的要求，希望 App 能提供一个轻松、简单、友好的操作界面，尽可能减少操作负担，提高移动医疗对高危人群和老年人的可及性。

移动医疗 App 的应用也必将随着新技术的产生和新需求的提出而不断完善。总之，移动医疗 App 可以实现医患之间快捷、有效的信息沟通，为住院患者的预后康复以及慢性病患者的长期病情监测、不良生活方式改变、用药调整、科学饮食等慢病防治方面提供更加优化、便捷的医疗服务，改善患者临床服务体验，它势必会成为传统医疗的良性补充，其前景不可限量。

三、移动医疗业务模式创新

（一）移动医疗——移动智能终端管理

1. 功能描述

方便医院信息科人员对医院的移动智能终端进行统一的远程管理，及时跟踪设备的使用状态，提高管理效率。具体功能包括：联网管理、应用程序管理、内存管理、使用区域管理、区域终端管理、推送管理、操作统计管理。

2. 应用场景

通过对移动终端注册、管理、数据同步、监控与追踪及安全等方面的应用，实现医院对移动设备的全生命周期管理。

（1）注册。移动终端设备在投入使用前，需要进行登记与注册，记录设备信息以及设备使用部门等。

（2）管理。移动终端设备包含应用程序和数据内容。可对终端设备的应用程序进行远程更新，并可远程控制终端设备的查看内容。在符合隐私安全的情况下，可以查看患者个人数据。

（3）数据同步。移动终端设备可实现对采集数据的同步上传与更新。

（4）监控与追踪。可远程监测移动终端设备，并进行实时定位，可记录终端设备的移动轨迹。

（5）安全。支持文件加密、远程锁定、擦除与备份设备、限制应用程序与功能、授权用户接入医院数据等功能。

3. 业务流程

移动智能终端管理移动设备的各个阶段，从设备注册到设备使用，再到设备管理与回收，实现对终端设备注册、设备管理、应用程序管理、内容管理及设备收回等业务的全生命周期管理。

4. 功能设计

（1）联网管理。可以进行Wi-Fi、VPN等配置，可以设定网络类型、名称、终端联网数目等参数，保障医院网络安全。

（2）应用程序管理。在移动终端设备上安装医院必备应用程序，可通过白名单和黑名单机制，设定终端能够使用的软件、文件、网页等，有效阻止安装未知来源的程序。

(3) 内存管理。可显示内存使用情况，包括已用内存、可用内存、内存空间总计等信息，并可提供内存优化等服务。

(4) 使用区域管理。可对使用区域范围进行增、删、改等操作，并可预设区域警报。

(5) 区域终端管理。可查看区域内终端的设备名、ID、IP地址、媒体存取控制地址、操作系统、制造商等详细信息。同时，可以对区域内终端地理定位、设备轨迹跟踪进行监测。

(6) 推送管理。支持多种方式推送文字、图片、音频、视频等文件。

(7) 操作统计管理。可自动记录终端操作情况，包括统计操作用户、开机时间、关机时间、使用应用程序等关键信息，实现操作智能追溯。

(二) 移动医疗——输液

1. 功能描述

实现输液护理工作者对输液患者及药物的基本管理，通过移动终端实现输液的日常核对、巡视等工作，并对输液过程进行用药安全监控。具体功能包括：输液登记、输液配置、输液巡视、输液质控等。

2. 应用场景

移动输液管理将传统输液流程中患者及药物的人工核对转变为条码识别核对，通过手持终端、移动、输液监测及PC（Personal Computer，个人计算机）端等联合使用，规范输液流程，并对输液过程进行安全监控。

(1) 患者。当患者呼叫护士时，护理工作者可以通过移动手持终端实时接收消息通知，及时响应患者需求。

(2) 护士。通过条码识别、核对，实现对药物和患者的条码确认及精准匹配，确保输液过程的准确和安全；可对患者输液过程进行全程监护，使患者的输液状态可控可管；能够记录执行护士的输液执行操作，实现对输液信息、流程全程实时记录。

3. 业务流程

护士在输液执行过程中，可通过移动终端进行输液医嘱核对执行、输液配置、输液巡视等操作；在患者需要帮助时，通过手持终端、语音播报等方式通知护士，使患者得到及时响应；可记录护士的输液相关操作，依据记录的数据进行多项指标的统计查询。

4. 功能设计

（1）输液登记。具体包括以下几项功能。

①接单登记：根据患者信息、患者识别码、输液袋（瓶）标签、接单登记号等进行输液登记。

②皮试登记：记录患者皮试信息，支持皮试审核及皮试结果查询。

③配药登记：对配药信息进行登记，护士扫描输液袋（瓶）标签显示配药状态。

④异常登记：对异常信息进行登记，当出现输液异常时，记录保存异常情况及相关处理信息。

（2）输液配置。具体包括以下几项功能。

①输液模式配置：通过配置配药、穿刺、巡视等模式，扫描患者识别码及药品标签，记录输液进程。

②输液执行：使用移动终端对患者身份与输液药品进行核对，核对无误后执行输液，设定合理的输液滴速及下次巡视时间，直至输液结束，并将输液执行相关信息同步至护理记录。

③寻呼设置：设置接收呼叫信息的区域，显示呼叫结果，并给予语音、文字等信息提示。

④工作量查询：按照不同时间范围，通过移动终端查询当前使用者的工作量。

⑤输液信息设置：实时查看当前输液状态，输液状态可视化监控，可对异常输液状态进行提醒。

（3）输液巡视。具体包括以下几项功能。

①巡视工作：通过移动终端查看巡视输液记录及计划。

②巡视更换输液袋（瓶）：护士通过扫描条码核实患者识别码和输液袋（瓶）标签信息，进行输液袋（瓶）更换，并显示更换状态，更新对应医嘱信息。

③巡视呼叫处理：通过语音、振动等多种方式提醒护士巡视，方便护士及时接收患者的呼叫信息，进行异常、更换输液袋（瓶）、拔针等操作处理。

④巡视异常处理：当患者出现异常情况或需要二次穿刺时，护士可以通过扫描患者识别码进行异常信息登记处理。

(4) 输液质控。具体包括以下几项功能。

可对输液异常数据、登记至配药的时长、配药至穿刺的时长、换水间隔的时长、输液状态监控等数据进行统计分析与管理，实现输液质量的控制与管理。

(三) 移动医疗——药师

1. 功能描述

支持药师深入临床科室进行药师查房或参与会诊，辅助药师制订药师查房计划，通过调阅患者第一手临床信息，实时分析患者用药安全性和合理性，进行治疗药物监测、设计个体化给药方案，提供药物咨询，完成临床药历和查房记录，提升临床用药准确率。具体功能包括：用药咨询、用药安全宣教、药师会诊、药师查房计划、患者信息调阅、药历管理、查房记录等。

2. 应用场景

药师在进行临床科室查房时，通过移动终端，辅助药师调阅患者第一手临床信息，分析患者用药安全性及合理性，可接收并参与临床医生发起的用药会诊。

（1）药师查房。药师根据查房计划与医生、患者交流时，为患者用药情况提供咨询，分析患者用药安全性和合理性，为患者和医生提供用药安全教育，开展对药物过敏、配伍禁忌、出院带药、药理说明等进行宣教。

（2）查房记录。药师可以通过移动端或 PC 端记录查房内容，对患者当日药品的使用情况记录评估，并通过 PC 端打印查房记录。

（3）药师会诊。临床医生发起会诊申请后，临床药师的移动终端会同步提醒会诊信息，药师可以通过移动终端直接回复并参加会诊。

3. 业务流程

移动药师通过移动终端梳理查房计划，准备相关资料并查房，调取患者临床信息，通过医生床旁询问（或患者自述）结果，分析患者用药安全及合理性，对治疗药物进行监测。同时，药师和医生根据患者病情会诊，形成会诊记录与药历记录。若出现不合理用药等情况，移动药师对医生和患者进行用药安全宣教。

4. 功能设计

（1）用药咨询。具体包括以下几项功能。

①药品信息咨询：提供药物基本信息查询和药物相互作用查询，查询范围

为流通药品信息。

②用药安全宣教：发布用药安全宣教信息，对患者和医生进行药物过敏、配伍禁忌、出院带药、药理说明等方面的安全教育。

（2）药师会诊。具体包括以下几项功能。

①会诊审批：对审核医生发起的会诊请求（对会诊科室、会诊时间、会诊医生、患者信息等）进行确认。

②会诊查询：查询浏览已审核、未审核的会诊请求，可以按照科室、时间、医生、患者等条件查询。

③提醒提示：对未审核的会诊申请可以提醒审核，对已确认的会诊记录可以提醒会诊时间。

④会诊记录：可以记录会诊内容，提供新增、修改、审核等操作功能。

（3）药师查房计划。具体包括以下几项功能。

①人员管理：提供新增、修改、查询、注销等功能对药师人员信息进行综合管理。

②查房计划管理：通过药师人员清单进行日常查房计划管理，可以进行新增、修改、查询等操作，并可以对查房计划进行管理。

（4）患者信息调阅。具体包括以下几项功能。

按照患者姓名、年龄、性别、科室等多条件查询，并调阅患者相关信息。

（5）药历管理。具体包括以下几项功能。

①药历编辑：提供结构化的药历文书编辑操作，实现对药历文书的新增、修改、编辑等功能。

②药历模板管理：提供药历相关文书书写模板，模板符合国家药历书写相关规范。

③药历查询及打印：可以按照患者姓名、年龄、性别、科室等多条件查询，并可以打印药历文书记录。

（6）查房记录。对患者查房的内容进行记录，实现对查房内容的新增、修改、查询等功能。

（四）移动医疗——术前访视

1. 功能描述

支持通过移动手持设备完成术前访视，让麻醉师掌握第一手等待手术的患者的真实情况，提供患者手术宣教、患者最新报告集成查询等。具体功能包括：手术患者确认、患者临床信息、术前访视计划、术前访视记录等。

2. 应用场景

（1）病区。通过移动终端，对术前患者进行访视，核对患者身份，查看患者临床信息，如生命体征、诊断、拟定手术名称、麻醉方式等。根据医护人员制订的访视计划，对患者实施术前宣教。

（2）手术室。与患者沟通后，访视者将访视内容通过移动终端进行记录，内容包括患者信息、手术信息、简要病史、麻醉前病情评估、麻醉评估、访视人和访视时间等。访视记录可与手术相关人员共享，以便了解访视情况，制定相应的护理措施或调整相关手术计划。

3. 业务流程

医护人员根据手术安排制订访视计划，对患者进行术前宣教，并进行记录；依据访视情况讨论制订相应的手术计划及护理措施，做好术前准备。

4. 功能设计

（1）手术患者确认。使用移动终端对患者身份进行扫描核对，核对的内容包括病历号、姓名、年龄、性别、科室、床号等，确认手术患者身份。

（2）患者临床信息。可调阅患者临床信息，如生命体征、诊断、拟定手术名称、麻醉方式、现病史、既往史、家族史、药敏史、实验检查结果、有无活动义齿及角膜接触镜、女性患者是否在月经期、重要脏器功能状态、有无感染、营养状态等，为手术麻醉提供临床支持。

（3）术前访视计划。根据医护人员制订的访视计划，对患者实施术前宣教，并按照访视计划，进行术前访视。支持术前访视计划的查询。

（4）术前访视记录。将对患者的访视情况详细记录，包括患者信息、手术信息、简要病史、麻醉前病情评估、麻醉评估、访视人和访视时间等。支持对访视记录进行新增、修改、查询等。访视记录可与手术相关人员共享，以便了解访视情况，制定相应的护理措施或调整相关手术计划。

（五）移动医疗——物流

1. 功能描述

结合物流管理系统，向外延伸与供应商的物流供应链对接，对内强化医疗耗材的环节管理，针对临床进行实时物流消耗监控，方便成本核算。具体功能包括：订单生成、验收入库、拣货配送、盘点、病区签收、临床消耗等。

2. 应用场景

对临床耗材的出入库、存量等进行监控，并形成记录，为采购货品及成本核算提供依据。

（1）出入库。为每类货品附上对应的条码，货品出入库时，通过移动终端扫描条码进行匹配核对，确保两者完全一致。

（2）盘点。移动物流货品盘点是通过扫描条码核对盘点单与货品（品规、批效、数量），只需扫描核对，便可以轻松完成货品盘点。

3. 业务流程

移动物流是辅助耗材管理人员进行货品的全流程管理的信息服务，支持对外与供应链的无缝集成对接，对内核对和监控货品流通的各个环节。医院货品管理者对院外到货的货品验收入库，通过移动终端扫描条码进行匹配核对，采购信息配送批号信息发票金额信息比对，比对有误需重新到货验收；比对无误入库存放，后期各科室库房管理人员进行库房维护，对接近失效期药品退货处理、临床货品的出入库、货品存量等进行实时监控，对货品追溯并形成记录。同时，移动物流还对病区就所需的货品入库、处方核对、用货核对等实时监控，并对临床消耗供货品回收扫描定数条码确认各部门货品消耗，移动物流终端从而进行对消耗品配送管理以及对成本核算部门进行成本核算。

4. 功能设计

物流管理通过手持设备对院内货品实现条码管理，实现货品的入库、出库等各个环节精细化管理。实现从货品采购、验收、库房管理、货品申领、库房发货、退货、库内盘点等全生命周期管理。将医院货品物流放在一个专业的物流平台上运营，通过信息系统的标准化流程规范以及条码识别技术的应用，针对临床进行实时物流消耗监控，方便成本核算。

具体实现功能包括以下几项。

①订单生成：采购信息的生成不依靠人工统计计算库存缺口，而通过分析历史消耗、库存上下限、供应商响应时间等规则计算后自动生成。

②验收入库：在验收入库环节，通过扫描物流装箱条码进行验收入库，在扫描的同时直接实现采购信息、配送批号信息、发票金额信息的比对工作，并自动提示货品在库房内的码放位置。

③库存维护：系统可以自动将库存中已经接近有效期的货品罗列出来，形

成清单，并提示进行退货处理操作。

④盘点：可以设定动态盘点或循环盘点提示，通过手持终端扫描条码进行库存盘点，并根据盘点结果调整相应批次、数量，做到账物相符。

⑤拣货配送：可以提示货品在库房内的码放位置，支持使用移动设备对货物进行扫描核对，根据配送地点高效快速分拣，并形成全程记录管理。

⑥临床消耗：院内各部门的货品消耗信息，大部分可以通过医院信息系统内的医嘱、处方等信息直接获取。对于碘伏、软膏等外用处置性药品、公用药品以及其他不计入医嘱、处方药品的消耗，通过发行指定药品、部门、数量的定数条码，由药库主动回收扫描该定数条码来确认相关药品在对应部门的消耗。

⑦病区验收与药品追溯：从仓库验收开始，记录每一步操作，并可以通过不同方式追溯查询。可以查询每个批次货品及验收入库、医院仓库出库、科室入库、病区签收、处方核对、发货核对的时间与操作人员等信息，全程责任到人。可以查询相应的供应商、订单与发票。能够按条码与处方的核对记录，查询各批次货品的签收情况，能够实现货品的签收记录，而且可以在患者需要退药时，扫描条码，反向追溯处方、患者、发药药剂师、核对药剂师、配药药剂师、验方药剂师等信息。

⑧岗位职能划分：可以根据不同的岗位，按照移动端与电脑端提示操作，实现物流信息化，减少烦琐的人工交流与核对。

⑨工作量统计：根据扫描数据和信息化记录，统计临床、医疗技术及物流部门工作人员工作量，对工作效率考核管理。

(六) 移动医疗——查房

1. 功能描述

通过移动终端处理患者的医嘱、病历、检查检验报告等，支持医生床边应用。具体功能包括：信息查询、信息处理。

2. 应用场景

通过移动终端从相关系统调取数据，满足医生临床查房时医嘱查询和录入、病历调阅、报告查询、及时备忘等需要。

(1) 医嘱查询和录入。通过移动终端快捷地调阅患者的医嘱信息，并可以及时进行医嘱的录入及关键操作，如停止医嘱。

(2) 病历调阅。通过移动终端快捷地调阅患者在院电子病历信息，满足医生查房时对患者病历调阅的便捷需要。

（3）检查检验报告调阅。通过移动终端快捷地调阅各项检查检验报告、医学影像归档与通信系统影像等资料，为医生查房分析病情、做出及时准确的诊疗计划提供重要的信息支撑，提高医生的工作效率。

3. 业务流程

医生通过移动终端，根据事先制定的查房日程安排，方便快捷地查看患者各项诊疗信息，进行临床或示教查房，并根据查房情况及时记录备忘讨论结果，制订诊疗计划及安排。

4. 功能设计

（1）信息查询。具体包括以下几项功能。

①基本信息：汇总显示患者的基本信息、住院情况、费用记录等。

②诊断史：汇总显示患者之前的诊断历史，包括诊断日期、诊断描述等。

③体征数据：展示患者的体征数据及对应趋势图。

④护理信息：查看体温单、护理记录表单及其他相关护理表单。

⑤医嘱信息：按不同类别对医嘱进行分类查看，并对不同状态的医嘱进行相应操作。

⑥检验报告：对患者检验信息按照不同状态进行查询，并用不同标志区分是否存在异常，查看详细检验报告及具体指标的趋势变化。

⑦检查报告：对患者检查信息进行查询，并查看详细的检查报告。

⑧医学影像归档与通信系统影像：对患者的检查影像进行查看。

⑨电子病历：汇总患者病程，详细查看患者电子病历信息。

（2）信息处理。具体包括以下几项功能。

①患者关注：便捷标记需要特别关注的患者。

②医嘱开立：支持新增医嘱和医嘱模板。

③医嘱操作：进行医嘱提交、停止、撤销、复制、查看详情等操作。

④检验开立：开立检验医嘱，可添加检验单。

⑤检查申请：开立检查医嘱，预约申请检查项目。

⑥备忘：查看、操作历史查房记录，支持多种快捷方式备忘记录。

（七）移动医疗——医生

1. 功能描述

为医生提供移动查房时，直接调阅患者的本次或历史就诊的住院病历、检验报告、检查报告、生命体征等信息，支持直接下达医嘱等工作实时记录，方便医生分析患者情况，修订治疗方案。具体功能包括：床位列表、医嘱录入、电子申请单、医技报告、生命体征、手术安排信息、会诊通知、智能提醒等。

2. 应用场景

移动医生包括医生住院查房、门诊、会诊、诊后随访等诊疗环节，根据不同的场景提供相应服务。

（1）住院查房。医生对患者病情信息进行汇总整合，医疗卫生机构将患者的生命体征、医嘱、检查、检验、病历等信息进行集成，支持对各类数据的统计分析处理，并结合实际病情在床旁进行医嘱录入，制订下一步诊疗计划。

（2）门诊。医生根据患者需要和实际情况在线为患者预先开立检查检验申请单，患者到院缴费后可先进行相关的检查检验，待报告发布后再去诊室就诊。

（3）会诊。根据患者病情，医疗卫生机构支持为医务人员提供方便、快捷的实时会诊申请、会诊通知及审核服务，并对整个会诊流程环节进行全方位闭环管理，方便对会诊情况追溯管理。申请方与被申请方能够通过移动方式进行及时的通信讨论，会诊结束后也可以双方互评。

（4）诊后随访。患者出院后，相关医务人员需要对患者进行诊后随访，以便了解离院后患者的康复情况，并根据需要进行宣教指导。医生利用移动医生应用，可以快捷制订随访计划并将其发送给患者，提高诊后随访效率。

3. 业务流程

医生在移动端收到服务申请后，根据患者自述情况或既往就诊记录判断是否满足相关预开单条件。如满足条件，则可以利用移动应用在线预先开立检查检验单。

患者到院一次性缴费后可直接前往检查检验科室进行相关检查检验。报告发布时，患者和医生均可在移动端收到检查检验结果，医生根据报告结果和诊室问诊情况，判断患者是否需要住院治疗。如果无须住院，医生给患者开药（含门诊输液）或告知离院即可；如果需要住院，则按照相关住院流程进行相应的在院治疗，直至诊疗结束。

患者离院后，医生可通过移动应用服务在线制订随访计划并及时发送给患者，患者收到随访内容后在线进行相关反馈。

4. 功能设计

（1）智能提醒。其功能主要包括危急值处理、药物审核、会诊通知、手术安排通知、查房提醒、新检查检验报告发布等。医务人员根据自身权限设置对应功能，为其提供全面、实时的智能推送提醒服务。

（2）在线预开单。医生可以在移动端对预约患者进行在线预开单，以便患者在就诊前提前完成检查检验，有效缩短患者在院排队候诊时间，为门诊患者提供更高质量的诊疗服务。

（3）住院管理。具体包含以下几项功能。

①患者列表：针对住院患者，医生可以利用移动医生应用进行查房，清楚了解患者床位列表或患者卡片。

②医嘱录入：可以对患者的生命体征、医嘱、检查、检验、病历等信息进行集成分析；可以通过便捷方式进行医嘱录入，并且可以对患者的医嘱、检查、检验、病历等信息集成分析。

③电子申请单：利用移动终端申请检查检验，提高检查检验效率。

④医技报告：实时查看医技报告，并可以调阅医学影像归档与通信系统影像。

⑤生命体征：快速调阅患者的生命体征信息、护理记录单、体温单等。

⑥备忘：根据实际需要为医生提供多种快捷的查房备忘记录方式。

⑦手术安排信息：可以为医生提供详细准确的手术安排信息。

（4）会诊闭环管理。具体包含以下几项功能。

①会诊通知：可以为医生提供及时的会诊申请通知及会诊安排提醒。

②会诊管理：医务人员在移动终端可以随时发起会诊申请，本科室上级也可以通过移动应用在线审核。审核通过后，被邀请科室（或医生）可及时收到申请通知，并进行在线确认处理，会诊结束后申请者与被申请者之间允许相互评价。

（5）出院随访。患者出院后，医务负责人能够快速、有效地制订随访计划，并将制定的随访单发送给患者，以便及时了解患者的康复状况。

（6）临床参考。提供在线医学公式计算和医学文献查找等服务，为医生处理临床业务问题和不断学习提供信息化支持。

（7）运营决策。医院高级管理者可以随时查看医院运行状况，比如挂号/门诊量、检查/检验量、出/入院人数、药占比/医保自费比、收入统计、床位使用率、平均住院日数等，便于进行相应的决策制定和快速响应。

(八）移动医疗——护理

1. 功能描述

支持护士通过移动终端实现临床护理移动化，实现护理服务从计划、执行、跟踪到结束的全过程监督管理，支持各类医嘱的闭环执行跟踪，智能提醒护理关注要点，简化护理记录，降低护士工作强度，提升护理工作效率和质量。具体功能包括：床位列表、护理计划、患者腕带管理、患者身份识别、医嘱执行、用血核对、体征采集记录、风险评估、护理文书、检查检验结果查询、巡视管理、材料记账、护理计划、消息提醒等。

2. 应用场景

（1）患者病床旁。实现在病区患者病床旁获取患者生命体征、检查检验结果等各类信息并自动同步到相关系统，同时可以在病床旁对患者医嘱执行等操作时进行核对。

（2）护士站。向护理人员提供患者的各项信息的调阅记录及相关文书归档等服务，病床旁采集的数据实时同步到相关系统，避免数据转抄带来的错误。同时，在护士站配备打印机等设备，实现瓶签、输液巡视卡、腕带等的打印。瓶签、腕带等条码中包含患者相关信息，通过扫描即可获取相关信息，保证各项护理操作时信息核对的准确与给药安全。

（3）护理管理部门。支持现场的拍照跟踪检查，为开展优质护理提供数据分析与支持，通过持续的过程循环，提高护理管理水平。

3. 业务流程

移动护理业务涉及护理工作的许多方面，如输液执行、输血备血、标本采集、皮试等，下面以输血备血闭环管理业务流程为例，对业务流程规范做出说明。

医生开立输血医嘱，护士准备试管并打印条码，采血前扫描核对患者信息与试管条码，确认信息匹配无误后，才可以进行血液标本采集。采血完成后，将血液标本送交血库并进行扫码交接，待血库配血完成后，临床护士在移动端及 PC 端可看到取血提醒，取血时需再次扫描核对信息，并自动提醒在规定时间内完成输血。输血前由不少于两名护士核对各项信息，并在移动端记录核对人信息进行确认。移动护理服务可自动提醒护士巡视，观察是否出现输血异常，如有异常可在移动端快速记录，直至输血结束。

4. 功能设计

（1）床位列表。显示患者床位列表，包含床号、姓名、护理级别、过敏情况、是否欠费、是否有手术安排等信息。可以按科室、时间等条件查询患者相关信息。

（2）护理计划。根据患者的护理等级、危重情况及手术等情况，制订相应的护理计划，并对计划进行实施、记录，包括护理名称、执行频次、护理计划内容、预执行时间等。

（3）患者腕带管理。移动设备可以显示患者的个人信息和住院信息，实现对患者和腕带的绑定，并可以实现患者与腕带的解绑。

（4）患者身份识别。通过扫描标志患者的条形码或二维码进行患者身份识别，扫描标志药品的条形码或二维码，实现药品和患者的关联，保证药品不会发错患者。

（5）医嘱执行。对医嘱执行的各个环节进行有效闭环管理，做到全流程信息记录可追溯。

（6）体征采集记录与管理。可显示待测量体征的患者列表，根据患者的护理等级、危重状态、发热及手术等具体情况，结合医院规定，由系统自动计算患者需要测量体征的时间点，并加以提示。记录患者的体温、脉搏、呼吸、降温后体温、大便次数等体征信息，允许相关护理人员对患者体征测量信息进行新增、查看及一定权限范围的删除与修改操作。体征采集完成后，可以自动生成相应的护理表单。

（7）风险评估。提供如跌倒坠床、压疮、疼痛、导管滑脱、自理能力等风险评估，显示评估结果及对应的护理措施、建议。

（8）护理文书。对一般护理记录单、护理记录审核、术前护理评估、术后护理评估、手术患者交接记录单、格拉斯哥昏迷评分量表评估记录单、出院指导等评估记录进行综合管理。

（9）检查检验结果查询。通过移动终端设备，可以查看患者的检查及检验结果，可对异常检查、检验指标进行提示。

（10）巡视管理。按照护理要求进行巡视，并可查看相关护理巡视记录，包括巡视时间、巡视内容、床号、备注等信息。

（11）材料记账。护理相关耗材记账，可以对各项耗材进行统计记录，如留置针、敷贴、医生换药材料等。

（12）消息提醒。针对各项护理项目规则进行自动提醒，如风险评估提醒、医嘱执行提醒、输血信息提醒等。

（13）标本采集闭环管理。医生开立检验医嘱，护士按照规范的标本采集操作流程进行临床取样，相关人员将采集的标本安全送达检验科室，直至检验报告发布，完成标本采集检验全流程闭环管理。

第三节 移动医疗在不同医疗服务中的应用分析

一、移动医疗在慢性病管理中的应用

慢性病的特点为患者基数大、病程长，且大部分人需要终身服药，长期医院复查，对服药及生活习惯依从性要求非常高，需要加强用户自我管理的能力。在慢性病管理中，生活方式的管理是基础，这就要求医生在常规运用药物处方的同时，还要配合饮食、运动、压力治疗等心理调适手段进行综合性治疗。这些长期监护和管理的模式并不适合医院集中式管理，并且还会影响医院的效率。而移动互联网适用于大用户群、高黏性、高频率使用。同时，慢性病管理也具备这样一些属性，所以慢性病管理的核心，是依托移动互联网方式进行管理。移动医疗具有实时监控、定期沟通等特点，对慢性病的治疗具有天然的优势。移动医疗以慢性病的控制与治疗为切入点，具有效用高、成本低的优势，将会在我国的医疗体系中大展身手。

（一）应用实践

我国近几年移动医疗在慢性病管理中的应用越发广泛。万达远程以"居民健康管理信息平台"为主要工具，将云技术、物联网、移动互联网等新兴信息技术，融入社区基本公共卫生管理体系和居民健康自我管理体系。同时，与上海市申康医联工程、区域卫生信息平台对接，完善居民健康档案，建立起了"居民预检、平台预警、临床参考、医生管理"的整体服务流程，推出了"全程健康"的完善智能健康服务模式。此服务模式旨在为居民建立"一个全面的健康管理体系，着重于慢性病和老年人的健康管理，实现居民对于自身健康的

管理、疾病的监控，以及与医疗服务机构之间的信息沟通"①。

上海科瓴是一家致力于提供基于大数据分析的慢性病健康服务的互联网医疗公司，"蓝信康"是上海科瓴在药店领域的移动医疗慢性病服务品牌，已成功与65家主流连锁的近3000家药店达成合作，并实现业务落地——利用智能硬件和一套基于云端算法的"慢性病管理系统"，帮助药店为患者提供血压、血糖的管理服务。②

国内移动医疗在慢性病领域应用中，于糖尿病和高血压患者管理最为广泛，无论是移动医疗平台还是手机App都有相对成熟的干预模式。除此之外，在肾脏病和院前急救方面也有小范围的应用，而在心脑血管疾病或其他常见慢性病管理方面缺口较大，还局限于单一病种的管理。

（二）移动医疗在慢性病管理中应用的问题及相应建议

1. 缺乏相关政策制度的规范和完善

在构建医疗信息化的同时，政府还在积极建设移动医疗的相关政策体系，2014年，政府出台《国家卫生计生委关于推进医疗机构远程医疗服务的意见》，2018年4月25日，《国务院办公厅关于促进"互联网+医疗健康"发展的意见》正式印发。③ 2022年12月，中共中央、国务院在印发的《扩大内需战略规划纲要（2022—2035年）》中提出，积极发展"互联网+医疗健康"服务，健全互联网诊疗收费政策，将符合条件的互联网医疗服务项目按程序纳入医保支付范围。但是以上文件尚欠缺从大方向上对移动医疗进行规范和支持，建议在移动医疗应用App、便携式设备、医联平台、网上就诊等不同移动医疗部分之间进行紧密的联系与合作，整合我国移动医疗领域碎片化的局面，形成一个完整的产业链，满足慢性病患者进行长期管理的需求。

2. 信息及服务平台得不到有效整合

移动医疗最基础的一个环节是数据的收集和整合，只有收集了患者的病史及各种生理学指标，才能进行较为全面准确的诊断。但是目前，我国各地区医院及社区卫生服务机构的数据几乎处于隔断层面，患者数据几乎没有实现云共享，市场上各种可穿戴传感设备及其接口也没有统一的标准。目前，我国移动

---

① 蔡江南. 创新提升价值 [M]. 上海：上海科学技术出版社，2018：134.
② 蔡江南. 创新提升价值 [M]. 上海：上海科学技术出版社，2018：136.
③ 姚建国，徐国利. 远程病理学：系统构建及临床应用 [M]. 上海：上海科学技术出版社，2020：149.

医疗技术还只停留在数据收集阶段，患者通过一些便携式设备积极收集其体征数据，但在数据和诊疗反馈之间没有形成共通，形成了数据孤岛，医生很难根据相关数据进行诊断、提出建议。建议医院、药企以及保险部门等，更好地参与到移动医疗领域中来，建立医疗机构间的数据共享网络，规范数据收集设备的统一标准。

3. 用户接受度和参与度低

在慢性病管理中应用移动医疗还存在着几个较为突出的问题。由于移动医疗是一种新兴的医疗形式，它的提供方式和设备的体验都需要用户的接纳，怎样令病患和医护人员正确地运用此类医疗服务，并长期参与进来，建议有关部门制定相关对策来进行解决。一方面，大部分的慢性病患者的年纪偏大，思维的老化使得他们接受新兴技术的速度较慢，建议在研发相关应用中要考虑到这一层，使其更为简便易用。另一方面，医护人员对移动医疗的热情较低，三甲医院的医生水平较高，也较容易获得患者的信任；然而，患者对基层医生的信任度较低。建议在疾病科目上，项目可以从儿科或者青年人群常见的诸如哮喘的慢性病着手，着重提高用户体验，慢慢发展到慢性病管理手机应用。除此之外，安全监管问题以及一些技术障碍也是我国移动医疗发展过程中面临的较大挑战。

二、移动医疗在孕产妇自我健康管理中的应用

（一）应用实践

1. 孕期保健知识指导

妊娠是一个特殊的生理过程，大部分孕妇及家属缺乏相关医学知识。为加强孕期健康教育，很多医院采取孕妇学校健康教育、发放孕产妇健康手册、网络与线下专有课程学习等传统宣教模式。然而传统模式存在单向传授、缺乏针对性、参与困难等问题。

随着智能终端和4G、5G网络的飞速发展，手机应用程序的开发和使用为孕产妇传统宣教模式的局限性提供了新的技术解决手段。通过"孕乐宝"等手机App，孕产妇可在线上随时随地查看各种线下学习过的健康知识，增加孕产妇获取孕产知识的来源。通过孕产期App，孕产妇及其家属能够方便快捷地了解孕产妇生理、心理变化及身心保健的内容和方法，进而对提高孕产妇自我保

健意识、构建和谐家庭等方面有重要意义。

2. 产褥期 App

其内容主要包括母乳喂养、产妇自身护理、新生儿抚养等。经研究验证，产褥期 App 实施的延续护理能预防和解决产妇相关的心理、生理等问题，纠正其不良行为和情绪。同时 App 温馨的界面风格也往往能使产妇在轻松愉悦的氛围中强化产褥期相关知识和护理技巧的理解与记忆，提高其母乳喂养技能，提升对婴儿照护的能力。手机 App 较常规方式更能激发产妇的主观能动性，为产妇提供生动、形象、可重复使用的信息。

3. 戒烟 App

孕妇吸烟不利于胎儿的健康发育，是导致西方国家胎儿和新生儿死亡的重要原因。行为支持和不同形式的尼古丁替代疗法的组合能够有效地帮助孕妇戒烟，但仍存在未获得有效护理的挑战。吸烟孕产妇通过戒烟 App 提供的建议可以创建个人计划，以此应对吸烟冲动。还可以通过软件提供的专家视频、医疗资讯，避免面对面的行为支持，获取所需建议和帮助。同时，孕妇戒烟 App 还能提供胎儿发育信息，塑造母亲形象，鼓励使用者在怀孕期间使用视频日记功能记录胎儿的发育情况。孕妇戒烟 App 具有广泛的覆盖面和潜力，为用户提供匿名性和便利性。目前，我国戒烟 App 的发展仍处于起步阶段，缺少针对吸烟孕产妇戒烟 App 的相关科学研究，存在指南相关程度低、缺乏效力、未建立完善科学的 App 评级系统等问题。

3. 妊娠性糖尿病 App

妊娠性糖尿病（Gestational Diabetes Mellitus，GDM）是指妊娠前糖代谢正常或有潜在的糖耐量减退，妊娠期才出现或确诊的糖尿病。GDM 已成为影响全球孕产妇健康的重要问题。据统计，世界各国 GDM 患病率为 1%~14%，中国 GDM 患病率为 1%~5%，近些年渐呈增长趋势。[1] 虽然 GDM 患者糖代谢多数于产后能逐渐恢复正常，但是 GDM 的病史不仅使孕产妇患先兆子痫、产后出血、流产以及在生命后期发展为 2 型糖尿病（Diabetes Mellitus Type 2，T2DM）的风险增加，也使新生儿患巨大儿、低血糖和死胎的风险增加。因此促进健康饮食、增加身体活动量和测量血糖水平是护理妊娠性糖尿病孕妇的重要手段。妊娠性糖尿病 App 提供了一种促进健康行为的新途径。与传统的口头建议、宣传手册相比，这类 App 更灵活，具有更多可变的通信模式（文本、图片、声音、交互

---

[1] 肖菲，万青. 糖尿病误区知多少 [M]. 武汉：湖北科学技术出版社，2019：183.

性）和功能（对血糖水平的响应）。而且具有交互式血糖管理的智能手机 App 对于 GDM 孕妇来说是方便和可接受的。然而我国移动医疗 App 针对 GDM 孕妇健康管理的研究相对较少，仍处于探索阶段。

(二) 移动医疗在孕产妇自我健康管理中的应用优势与不足

1. 优势

移动医疗 App 充分利用医疗资源，缓解看病难的现状，增加孕产妇获取孕产知识的来源，有效提高其自我管理能力，降低孕产期并发症的风险。研究显示，孕产妇 App 能够为孕产妇提供营养、体重管理、健康诊断方面的知识，有效地防止肥胖孕妇人群妊娠性糖尿病的发生，在孕产妇怀孕初期、晚期和分娩期提供干预治疗的相关信息。此外，孕产妇 App 还能为吸烟孕产妇提供有效减轻烟瘾的方法，降低吸烟对孕产妇的危害。同时利用建立良好的医患关系，缓解孕产妇的焦虑，提高孕产妇的依从性。

2. 不足

移动医疗 App 的出现为孕产妇健康事业发展提供机遇的同时，也带来了挑战。随着孕产妇 App 使用率的不断增加，人们越来越多地关注其内容质量、网络资源真实性和个人信息安全等问题。移动医疗的广泛运用涉及大量健康数据，一旦发生泄露将对移动医疗产业发展、个人信息安全等带来严重不良影响，而我国对移动医疗 App 领域的监管与法律规范几乎为空白。目前孕期保健移动医疗 App 存在以下问题：准入门槛低，市场混乱；信息内容缺乏专业性；移动医疗的标准诊疗流程及使用指南缺乏；技术人才相对缺乏；等等。因此我国需尽早制定移动医疗 App 相关的法律法规，使移动医疗市场更加规范。同时不断优化 App，提高用户的体验度，更好地发挥其社会效益，为孕产妇的健康与生活带来更好的体验。

三、移动医疗在延续护理中的应用

移动用户的规模和增速呈规模上升，为移动医疗行业带来了广阔的前景，移动医疗进入了爆发式发展阶段。医疗技术的提高使得病人出院后带病生存时间得以延长，延续护理的时间跨度增大且涉及领域更广。做好出院病人的定期随访并进行康复指导，对于护理工作者而言尤为重要。利用移动医疗 App 建立院外病人的随访系统，以实现延续护理这一新模式得到了越来越多医护人员的关注。

（一）应用效果

1. 提高病人对健康知识的了解程度和自护能力

应用于延续护理的移动医疗有病历查询、健康知识、健康提醒、在线互动等功能，医、护、患分别设置端口，查看各自内容和权限。"糖宝随访"App 以文字、图片、音频、视频等形式向院外 1 型糖尿病患儿普及饮食、运动、上学、外出及居家环境、生活习惯等实用知识，定期提醒患儿及家属监测血糖和胰岛素治疗，并根据血糖值的波动情况自动报警提示就医。[①] "医家护"护士端对院外脑卒中病人的神经功能和自理能力进行专科评估，并将措施智能推送至病人端。[②] 底瑞青等对 65 例首次放化疗的鼻咽癌病人分组干预的结果显示，App 组病人的自护能力和生活质量显著提高，放化疗毒副作用及并发症显著下降。[③] 王晶晶等应用移动医疗 App + 微信群对心脏瓣膜置换术后病人进行延续护理，显著提高了病人对抗凝相关知识的掌握水平。[④]

2. 提升医护人员的工作质量和效率

医护人员教会病人及家属使用智能手机中移动医疗 App 的相关功能，就可以利用便捷的互联网为病人提供院外指导，并获取病人疾病变化情况。同时，优化了健康服务的流程，节约了就诊时间，有效地提高了医院就诊效率，改善了病人就诊时的感受，提升了医护人员的专业照护水平和服务质量。研究显示，借助 App 实现延续护理这一模式在方便病人之余，扩展了护士的知识面，同时减轻了医护人员反复宣教的时间成本以及宣教内容受宣教者经验影响的差异，有效避免了因医护人员自身知识限制、临床治疗工作繁多或责任心不足造成的延续护理不规范等问题。[⑤] 综上所述，利用移动医疗 App 展开延续护理有效摆脱了时空限制，提升了医疗照护质量及工作效率。

[①] 张琳琪，王锐，王旭梅. 应用"糖宝随访"App 对儿童 1 型糖尿病患者实施延续护理的实践及效果［J］. 中国护理管理，2016（12）：1600-1603.

[②] 常红，乔雨晨，孟茜，等. 基于 App 的脑卒中患者健康延续服务体系构建［J］. 中国护理管理，2016（9）：1269-1272.

[③] 底瑞青，李国文，赵玉林. 移动医疗 App 对鼻咽癌患者放化疗出院后并发症及生活质量的影响［J］. 临床耳鼻咽喉头颈外科杂志，2017（3）：215-218，222.

[④] 王晶晶，李罗兰，鲍士青. 移动医疗 App+微信群在心脏瓣膜置换术后患者延续抗凝指导中的应用［J］. 齐鲁护理杂志，2017（10）：1-3.

[⑤] 谢娟，陆维嘉，范惠萍. 延续护理信息平台的研发与应用［J］. 护理学杂志，2017（11）：1-4.

3. 提供延续护理服务的新思路

延续护理是一个长期且连续的过程。目前，我国开展延续护理的形式主要有电话随访、短信随访、家庭访视、网络信息平台以及门诊随访、健康相关讲座、病人俱乐部等。其中最常见的是电话随访，但这不仅耗费人力、财力，且存在一定的失访率，远不能实现延续护理的要求。移动医疗的出现有效地解决了临床面临的诸多问题，能将医疗保健服务无缝整合到医、护、患的日常生活中。此外，对临床科研有重要意义，如谢朵朵等将病人资料累积到一定程度后，利用系统收集的大量数据开展乳腺癌病人延续护理的相关研究。① 在信息技术迅速发展的今天，以移动医疗 App 为载体的延续护理模式成为延续护理发展的新技术和新思路。

（二）移动医疗在延续护理中的应用建议

1. 强化专业水平

移动医疗将健康相关信息通过互联网发送给用户，而这些信息的来源有网络文章或百科全书、热心医生的网上回答、医疗相关书籍等，没有严格依照临床实践指南和循证医学为基础来制定内容，其专业性、规范性、真实性和可靠性常被质疑，影响使用者对软件的信心。如今，移动医疗的发展应关注专业内容的强化而不只是新模式的开发。一方面，要认识到目前国内延续护理活动多由医院护士兼职或社区卫生服务机构人员负责的现状，延续护理团队应以多专业合作为基础，将基础护理、营养、康复、中医理疗、心理咨询等针对性地结合；另一方面，移动医疗应加强技术研发人员与医院延续护理团队的优势互补，实现真正意义上的多学科合作。

2. 加大监管力度

保护信息的安全性是所有移动医疗面临的问题。移动医疗涉及病人的健康资料，而目前这些信息的保密程度却不容乐观，病人个人隐私的暴露和权利受侵严重影响病人对移动医疗的信任。因此，加强监管尤为重要。2014 年 3 月，我国成立了"移动医疗委员会"②，负责移动医疗相关事宜。今后仍应进一步完善尚不健全的法律法规政策体系，就移动医疗的信息安全、用户权益、权威性

---

① 谢朵朵，徐锦江. 乳腺癌患者延续护理的 App 平台的构建 [J]. 北京医学，2017（1）：113-114.

② 刘倩，王亚玲，王玉芹，等. 移动医疗 App 在乳腺癌病人中的应用研究进展 [J]. 全科护理，2019（23）：2847-2850.

评价等问题做出明确规定。此外，移动医疗的在线答疑等功能需实时关注，一定程度上增加了医护人员的工作量，对于部分年资较高的护士来说，学习使用移动医疗存在一定困难。因此，设立明确的奖励支持机制对更好地开展基于移动医疗的延续护理有重要意义。

3. 克服新载体的局限性

首先，由于结合移动医疗的延续护理模式尚处于发展阶段，在实际使用中部分病人仍习惯面对面交流，面对新载体需要时间适应。其次，能够使用智能手机成为一个病人入组的必要条件，部分病人因年龄、文化水平、经济条件限制无法获得服务，导致受众群体受限。此外，基于移动医疗的延续护理需要借助网络，当网络出现故障或者病人因某些因素导致手机没有网络时，移动医疗 App 的使用情况会受到影响。因此，在 App 设计阶段时要充分考虑用户特征，尽可能操作简单且方便有效。同时，要加大宣传力度，帮助病人在观念上认识并接受这一新模式，开发者可考虑对经常使用并明显受益的病人设置一定的奖励方式，鼓励病人保持对移动医疗 App 使用的积极性。

延续护理是将住院护理服务延伸至社区或家庭的护理模式。基于网络平台的移动医疗不仅可弥补电话随访获取信息不全的不足，还可解决家庭访视不方便的困难，目前得到广泛应用。移动医疗能够为病人提供系统的康复指导平台，提高其对疾病的认识水平和自护能力，并取得了较好的延续护理效果。移动医疗虽然在病人宣教、疾病自我管理与病人远程监测方面扮演着重要角色，但同时其发展正面临诸多问题，需要从强化专业水平、加大监管力度、克服局限性等方面进一步突破。

第五章 移动电子商务在教育领域的应用

移动教育的兴起,与移动电子商务的盛行、国人重视教育、教育需求大有密切的关系。移动教育前景广阔,可以找到各行各业的教师,无论是在线辅导还是听网课,都是发展趋势。甚至,移动教育相比传统在线教育,能更大程度上解决互动问题,移动教育正逐步成为在线教育的主流。本章将从移动教育概述、移动教育平台的设计以及具体应用案例进行阐述。

第一节 移动教育概述

一、移动教育的概念

目前,关于移动教育还没有一个统一、确切的定义,欧洲和美国一般以移动教育来指称,而我国一般表述为移动学习或移动教育。

移动学习和移动教育是一种在移动计算设备帮助下的能够在任何时间、任何地点发生的学习和教育形式,移动教育所使用的移动计算设备必须能够有效地呈现学习内容并且提供教师与学习者之间的双向交流。移动教育在数字化学习的基础上,通过有效结合移动计算技术带给学习者随时随地学习的全新感受。

移动教育被认为是一种未来的学习模式,或者说是未来学习不可缺少的一种学习模式。

二、移动教育的特点

移动教育是远程教育领域基于数字化学习的新的学习模式,因此它继承和具备了远程教育的数字化学习的优势与特征,但也有其特性。

(一) 基于数字化学习，融合了多种先进技术

移动教育是基于现代信息技术的现代远程教育，是将移动无线通信、计算技术、互联网技术和移动通信设备技术等多种先进技术结合应用于远程教育。它是在数字化学习的基础上发展起来的，是数字化学习的扩展，是移动终端和计算机通信技术的发展和应用迅猛扩张的产物，代表了继互联网后教育技术的发展方向。

(二) 具有受众的广泛性，拓宽了教育范围

使用移动教育的学习者不再被限制在电脑桌前，可以自由自在、随时随地进行不同目的、不同方式的学习。学习环境是移动的，教师、研究人员、技术人员和学生都是移动的。同有线的在线学习相比，移动教育提供了更灵活和更方便的学习方式，具有受众的广泛性，增加了学习机会，大大拓宽了教育范围。例如，为很多潜在的学习者提供了学习机会，使有限的教育资源辐射到了更多的人员和地区。利用移动互联技术，学习者不仅可以依靠电脑上网，还可以用手机、PAD和智能电话等多样的、便于携带的移动终端上网，而且随着语音识别软件的开发和应用，将来不懂电脑的人也能使用移动设备开展学习。移动教育将解决学习者难以应用技术这一障碍，操作和使用会越来越方便、简单。

(三) 具有学习的开放性，拥有更多的自由

移动教育比以往远程教育的任何模式在时间和地点上都拥有更多的自由性、选择性和开放性，开辟了远程教育的新时代。移动互联网络和通信终端相结合，学习者们将不再整日枯坐在计算机屏幕前，而是通过无线移动设置进行学习，摆脱了传统学校教室的限制，突破了网络学习对"线"的依赖、地域的限制，带来随时、随地、随身的信息交流和服务手段，支持学习者实现随时随地学习，为人们提供了更方便、更有效、更灵活的学习方式。此外，学习者在选择学习的时间和地点方面拥有更大的灵活性、方便性、便利性和学习环境的移动性，这是一种更灵活、更自由而有弹性的学习方式，学习环境可随人的移动而移动。

(四) 具有高度的双向交流和互动性

在移动教育过程中，教学不再是一个同步的过程，而是一个异步的、发散

式的学习过程，不同的学习者沿着不同的学习路径，完全可以建构出相同的学习结果。学习者通过使用无线移动设置可获得教师和学习者或学习者之间的即时、无线的双向交流机会和实时双向互动。移动教育提供丰富、平等的交互活动，适宜学习者开展自主学习和协作学习。学习者可以根据自己的兴趣爱好，通过移动计算机和互联网得到很多有用的信息。

移动教育还具有即时性和情景化的特征，学习者可随时直接与他人交流新的想法，使学习者的许多想法有更多实践的可能，促进了学习者之间、学习者和教师之间的交流互动与合作。学习者能够在更真实的生活环境中开展学习，信息传递快、反馈及时，能够动态地评价学生学习进展。

（五）具有学习资料的获取便利性与使用高效性

移动教育主要是利用移动设备和移动互联网，从而方便地访问互联网上的教育资源。其信息获取便捷，且信息处理实时、高效。因此，移动教育具有获取学习资料的便利性和使用高效性。大多数学习者都有支持移动教育的终端设备，如笔记本电脑、手机、MP3、学习机、具有学习功能的游戏机等，这些移动设备功能日趋强大，而且设备之间能够实现资源的转换、交换、交互等操作，为学习者提供了更丰富的学习资源和更多样的学习机会。移动设备支持良好的教学实践，如共享、协作和知识建构。借助于移动通信设备，学习者可以随时把学习过程记录到移动记事本，与其他学习者共享；学习过程中遇到问题也能够在线查询相关资源。

（六）以学习者为中心，满足个性化学习的需要

利用移动教育，学习者可以根据自身需求选定学习内容；选择合适的学习方式，安排合理的学习进度，可以重复检视学习材料，达到复习、巩固的效果；学习模式灵活多样，可以组合使用各种设备和各种技术取得较好的教学效果。

第二节　移动教育平台的设计

一、移动教育平台的层次结构

随着无线通信等技术的繁荣，"移动教育"一词也越来越为人们所熟悉，

成为相关学科领域重点研究的一大热点。如今，移动教育在信息化领域中的应用都在慢慢起步，其中包含了理论知识和实践的检验，然而伴随云计算、大数据等新技术的出现，给教育系统带来了不一样的想法，可让移动教育达到最终目标。在学习者学习的过程中，移动系统可按时给学习者带来确切的学习内容，也可提供准时的学习帮助，还可帮助用户进行合作学习。

（一）服务平台体系结构

基于云计算的移动教育平台，可以不受时间、地点的影响，即随时随地为学习者提供确实、可靠的学习信息、资料等。客户端学习系统通过 Web 服务获取课程学习资源和相关信息。Web 服务接收客户端请求，访问数据库获取需要的资源和信息，并将处理结果返回客户端。服务器端管理系统负责管理系统用户、学员信息、课程信息、课程资源和学习进度等数据。

（二）移动教育平台的功能设计

从目前来看，不久的将来，移动教育必定是学习者学习、生活中不可缺少的组成部分，在设计移动教育平台系统中，需要考虑以下四大功能模块。

1. 用户的注册和登录

用户首先要用 ID 进行注册，然后在学习平台中输入用户名和密码。平台注册成功后，该用户正式成为合法用户。注册成功后，用户需要同时输入正确的用户名和密码立即可成功登录，进入主界面后，用户在系统中可不受任何限制、根据自身所需，对里面的信息、资料进行阅读和下载。

2. 提供在线学习资料

建立或设计新的学习资料库使学习者随时随地都可以学习，这样不仅可填补学习资料库的不足，也可丰富学习资料库的多样性，还可以让更多的人享受丰富的资料库。丰富的资料库可让更多不同层次和学习需要的人有更多的选择。如今，高等院校的移动教育系统依托云计算，成为网络教学（作业在线提交）、远程教学（师生互动、在线提交作业及考试等）的一种新型模式。例如，移动教育系统应用比较常见的会计网校，它包含了会计上岗证的继续教育、会计各类职称考试等内容，这为上班较忙而没时间参加面授的人员提供了方便。

3. 在线考试环节

移动教育系统为了便于学生在线互动学习，专门在系统中开发了考试功能环节。将学习者考试的题目保管收存在属于教师个人的端口上，其目的是防止教师出的考试题目泄露。而学习者只有同时获得正确的用户名和密码，才能成功登录到教师个人服务器，但整个过程只有在线才能进行。学生获得权限后，在考试期间按时完成考试，而且在线上交完毕。最后学习者在线看到自己的考试成绩和考题的参考答案。

4. 学习者之间、学习者和教师之间的相互沟通与交流

学习者和教师用移动通信设备（如手机、PAD 等）上的即时沟通工具进行交谈或进行答疑等。用户在任何时间、在各式各样的地方或场所，都可以与对方进行沟通。如果用户不在线，也可用移动通信设备收到相关提示信息或资料等。用户还可通过其他方式相互沟通、切磋。

二、移动教育平台资源设计

针对移动教育平台，在设计过程中不仅要遵循普通学习资源设计的各种原则、方法和步骤，还要根据移动教育的学习环境、学习工具及学习过程的特殊性进行设计。

（一）内容设计

在移动教育过程中，学习者所处环境千差万别，受外界影响较大，注意力较为分散，再加上跨平台移动学习资源要兼容多个平台，所以在内容设计时尽量采用微型化设计原则。

1. 微型化设计

所谓学习内容微型化，是指以实用、短小的内容组块来设计学习内容，以微型的媒体来呈现微型的课程内容。在内容设计方面，要避免过多无用或不相关的信息，条目分类清晰、内容长短合适，符合学习者在零碎时间学习的需求；在内容呈现方面，要适当地分配文字和内容的比例，图片适量、大小适中，避免出现大段的文字信息。

2. 内容格式兼容多平台

在内容呈现方面，单一的媒体会使用户感到乏味和疲倦，如果运用图片、音频、视频等丰富的媒体，就能够增加用户的学习兴趣。在使用这些多媒体的同时要注意各个平台所兼容的格式，以视频格式为例，iOS 支持的视频格式有 .m4v、.mp4、.mov 等；Android 支持的视频格式有 .3gp、mp4、.wmv、.asf、

.avi 等；Windows Phone 支持的视频格式有 .3gp、.3gp2、.mp4、.wmv、.avi 等。因此，在选择视频格式时，.mp4 格式是首选格式，因为它兼容的平台最多，其次可以选择 .3gp 格式，其他媒体格式的选择可以依照视频的选择方法进行类推。

（二）人机交互设计

人机交互界面是人与移动设备之间传递、交换信息的媒介和对话接口，是移动学习资源可用性和用户友好性的重要体现，也是评价移动学习资源的重要标准。

1. 优化人机交互界面

要使人机交互界面完全适用多个平台是不可能的。因此，在设计人机交互界面时，首先要根据各个平台的特点，结合每个平台的官方《人机交互指南》进行综合考虑；其次要找出各平台之间的通用性，让差异减少到最小，保证用户体验的一致性。

2. "问题—应答"交互方式

在移动教育中，人机交互是最主要的交互方式，它能够引发学习者积极投入、操纵和思考。学习者在移动教育过程中，进行意义建构并将知识内化，科学、合理的交互设计可以提高学习效率。根据学习者特征分析，交互设计要生动活泼，能够激发学习者的学习兴趣，吸引学习者的注意力。因此，移动教育资源的人机交互设计要尽量选择最有效的交互方式，而"问题—应答"则是一种不错的交互方式。该交互方式设计包括：选择题形式——提出问题并列出多个选项，让学习者选出其中的正确答案；判断题形式——给出需要判断的问题，让学习者对这一问题进行判断；填充问题——补充完整给定的问题或解答。

（三）界面设计

界面布局主要受移动终端屏幕的尺寸和分辨率的影响。

1. 自适应布局

因为目前市面上不同的移动终端的屏幕大小与分辨率相差较大，在这种情况下，要使界面的内容完美地呈现在各终端屏幕上，必须采用自适应布局。所谓自适应布局，是指界面的设计能够根据用户行为以及设备环境（如系统平台、屏幕尺寸、屏幕定向等）进行相应的响应和调整。在自适应布局中，界面中元素的宽度不设定固定值，而是以百分比的形式加以限定；当界面内容在不同终端上呈现时，通过媒介查询功能获得相应终端屏幕的尺寸及分辨率等参数，以此来确定各元素的实际宽度值，进而做到不同的终端屏幕都能自适应显示。

2. 导航设计

学习内容需要一定的导航设计，在任务进程中，要及时给予用户适当的、关键的操作引导，帮助其完成即时任务，有效引起用户关注并协助解决实际问题。由于移动智能终端屏幕大小有限，在移动教育平台设计中，导航一般放置在头部和底部等显著的部位：头部导航一般用于显示当前页面的信息，底部导航一般用于放置其他页面的链接。此外，建议所有的页面都包含一个返回主屏幕的导航，以防止用户在访问时进入"死胡同"。值得注意的是，在与PhoneGap 进行集成设计时，如果目标平台（如 iOS）不支持基于硬件的导航，则需要考虑在头部导航中使用"回退"按钮。

（四）视觉设计

在移动教育过程中，随着环境、时间、地点的变化，用户往往会在不同设备之间进行切换，如何保持用户体验的一致性是设计者必须要考虑的问题。

1. 一致性的用户体验

尽管通过内容、人机交互以及界面的设计为移动教育资源在不同平台呈现的一致性提供了保证，但由于移动智能终端在硬件方面的差异，仍不能确保其在各个平台上呈现的效果完全一致。在这种情况下，只能在保证以上三方面设计的基础上对差异较大的平台进行个别化调整。

2. 整体风格的艺术设计

整体风格的艺术设计需要紧紧围绕主题，通过构图、配色等来设计界面的整体风格，进行界面元素的艺术设计，为用户创造艺术享受，同时按照注意力分配的原则和内容的重要程度合理选择媒体形式。移动教育的平台设计目标不仅要美观，而且要注重艺术性。在设计时应注意区分各类信息资源和界面元素，不能混淆主次信息。

对于移动教育平台来说，除了符合一般的注意力分配原则和艺术原则外，还必须符合一定的设计惯例和创意原则，即使用户处于控制地位，注重一致性、互动性、可兼容性等。

第三节　移动教育的具体应用案例

一、移动教育在高等教育中的应用

方便、灵活、互动性强等特点使移动教育吸引了越来越多的学习者和教师参与其中。如今，大学生也已经普遍随身携带有智能手机和平板电脑之类的电子设备用于学习。他们认可移动设备对自己的学术研究的重要性。而且，越来越多的学习者认为，自己迫切需要提升通过移动设备获取资源的能力。移动技术在大学生的学习和研究中发挥着重要的作用。

智能手机、平板电脑或者电子阅读器等移动设备接入互联网以后，学习者不仅可以快速获得信息，而且可以实现与其他人之间的交互。另外，学习者利用移动设备上的应用不仅可以获取知识，而且可以发现并创造知识。因此，学习者将智能设备或者平板设备作为进行社会化交流或者学习的优选工具，移动教育成为可以快速支持教学、学习和丰富校园生活的有效手段。下面介绍三个移动教育应用案例。

（一）浙江师范大学移动学习案例

在大学，手机进课堂让教师们头疼不已。大学生们在课堂上并不总是专心听讲，而是发微信、玩游戏、上微博……成为课堂上的"低头族"。浙江师范大学的教师们想出了一个高招，用手机来辅助课堂教学，把学生手中的手机变成教具，取得了比较好的效果。在研究生的教育技术课上，黄立新教授使用Explain everything软件实现了随堂评教、测试和提问。上课前，学生把各自的方案设计发送至小组。在上课时，教师通过手机连接上大屏幕，然后点评方案，讨论时直接用手机把重点内容标识出来。学生参与到课堂应答、展示和分析的活动中以后，和教师互动的主动性自然提高了。在该校音乐学院的和声课上也用到手机参与教学。同学们用手机拍下黑板上详细的和声分析结果，还用手机播放音乐，查看学习视频。在没有伴奏时，还能用节奏软件打节拍。据悉，浙江师范大学还为全校师范生开设为期6周的教育技术实验课程，开展手机屏幕无线投影显示等8个实验，教会未来的教师如何灵活运用数字教学技术。

(二) 西悉尼大学使用 iPad 教学的案例

iPad 的配备使得学生使用学校的在线服务更加方便、更加频繁，包括在线讲座、网上直播、图书馆服务、软件目录以及其他服务。而且教师在教学中可以利用 iPad 加强和管理教学活动。澳大利亚的西悉尼大学（University of Western Sydney）认为，iPad 的引入不仅促进了师生之间、教与学之间的协调与交流，还使学习者获得更加灵活的学习机会，随时随处都可以学习。新技术支持的学习为传统的面授教学提供了必要的补充。西悉尼大学使用 iPad 进行移动学习强化了原来的学习设计，并引入了新型的学习活动。iPad 在学习中的使用可以节省时间并强化效果。例如，在师生共读活动中，可直接利用 iPad 对 PDF 文档进行批注；在课堂上进行抢答或投票活动，以及方便灵活的随堂测验；学习者可以利用 iPad 在课上即刻查询数据和学习内容；用 iPad 上的社会性软件加强与其他人的互动等。iPad 在加强学习活动方面的应用见表 5-1。

表 5-1　iPad 在加强学习活动方面的应用

	强化原有的学习活动	引进新的学习活动
评估与反馈	阅读、记录并返回电子版的读书笔记；利用量规来促进教学反馈；为所学内容提供实践、自我测评和诊断的依据	利用社会性软件促进学习者间的沟通，利用视频记录并进行实践技能的评估，通过教学游戏类的应用学习
课堂上使用	在听讲座或报告时，提供一种方便、高效的提问和评论的渠道，在课堂上提供基于网络的学习者反馈系统	引入翻转课堂，即在课前录制课程内容传到 iPad 上供学生观看，而在课堂上讨论问题或者进行案例研究
联系课内外知识	利用 iPad 收集、整理所需要的多媒体资料，并汇报	利用 iPad 收集实地考察获得的信息，并利用视频展示引发讨论
在现实生活中获取知识	利用 iPad 做现场笔记，而不是使用笔和纸	利用 iPad 上的专门应用配合现场情境进行实践教学

(三) 印象笔记（Evernote）在学习中的应用

印象笔记是一款移动终端上市场占有率非常高的笔记软件，该软件在 iOS、Android、Windows Mobile 等移动端都有对应的应用程序，而且通过云端的服务器可以保持同一账号在所有客户端上的数据同步。印象笔记能帮用户记住自己想到的、看到的和体验到的一切信息，它支持所有的主流平台系统，一处记录或编辑，全平台同步更新。印象笔记可以用来记录文字信息、保存网页、保存照片、截取屏幕及手绘图像，记录录音甚至是视频，并能方便地保存和高效管理这些多样化的内容。

大学生日常需要跟踪记录的事情很多，如课堂笔记、读书笔记、日程表、实习内容、工作任务、课外活动信息等。印象笔记是用来组织这些信息，并进行移动学习的强大工具。它在支持大学生的移动学习方面具有多种优势。

第一，学习者可以利用它进行学习任务的规划。作为学生，每天都有许多事情需要完成，从课程作业到实习任务。学习者可以创建一个"笔记本"（实际上是一个分类）并将需要完成的任务都放在一起，写上日期和名称。到某一时刻，该软件就会提醒用户他需要做的事情。

第二，学习者可以使用印象笔记组织自己的研究资料。印象笔记可以帮助学生方便地剪切和编辑从网站上获得需要的信息，并且学习者可以进一步对信息进行整理。印象笔记可以只显示用户需要的几行信息，而不用将资料全部打印出来。这样既减少了纸张的使用，还使研究工作变得更加容易。

第三，印象笔记可以帮助学习者跟上教师的讲课进度。有许多教师都将重要的信息显示在幻灯片上，利用印象笔记，学习者不需要逐条记录，只需用拍照的形式记录即可。下课后，使用速写功能添加其他需要补充的信息，然后归档到正确的笔记中。

第四，印象笔记是很好的协作学习工具。做多人项目时，在同一时间把大家集中在一起是很有压力的事情，共享笔记本功能可以同步每个人更新的内容，学习者可以与合作伙伴共用一个共享笔记本，而无须为面对面的交流重新安排时间表。此外，使用印象笔记还节约了学习者的时间。学习者使用该工具可以自动剪辑其订阅的博客或其他内容，并将之传送到账户上，这样就不用浪费时间重复地搜索了（图 5-1）。

图 5-1　印象笔记软件界面

　　移动教育在实际应用中，学习者经常会利用多种工具通过非正式的学习来达到学习和研究的目的。但是，有效地利用移动技术需要学习者具有一定的信息素养和技能，如创造性地使用移动设备的能力，访问、管理和评估数字化资源的能力。尽管目前有许多关于移动技术在高等教育中的相关研究已经较为成熟，但是很多影响因素尚未得到充分的发掘和验证。此外，由于移动终端的普及，一个人同时拥有多台设备使得问题更加复杂化，需要学会优选，确定哪些设备更有帮助。移动技术为学习提供了新的机会，但对其使用效果的评价也是值得探讨的问题。

二、移动教育在非正式学习和终身学习中的应用

　　根据非正式学习理论，有 70% 的学习发生在教室以外的场景，其途径与方

法多是通过发送即时信息、与同行学习或者通过我们对成功和失败的反思。非正式学习已经成为大多数人了解世界，学习新知识的主要方式。和在线学习类似，移动教育从诞生之日起就不是专门为课堂内面对面的教学形式准备的，移动教育自由、随意的特点和非正式学习不谋而合，非正式学习是它大有可为的领域。

移动教育促进了非正式学习的实现，学习者在各种非正式环境下都会产生学习需求，移动终端以及移动通信技术的发展使得非正式学习的发生成为可能。另外，移动教育丰富多样的内容也表现出了独特的优势，它可以为非正式学习提供各种即时的知识来源。大部分移动教育应用均是非正式学习应用，在中小学教育或者高等教育中的许多教育应用也属于非正式学习应用。下面通过粉笔网的案例来了解移动教育在非正式学习中的应用。

粉笔网是一个颇具特色的移动教育培训平台，目前已经覆盖公务员考试、职业资格考试、工作技能、兴趣等多个教育领域，提供 Android 和 iOS 平台客户端。通过粉笔网的手机端应用，人们可以关注全国各地的知名教师并与其互动、下载名师提供的学习资料和复习题。粉笔网以社区的形式组织用户，基于实名认证制度推荐不同学科领域的授课教师和优质的课程，同时也为所有的社区成员提供学习资料的上传、分享和下载服务。学习者使用该平台学习的流程如下：首先通过粉笔网找到合适的教师，并去其所属机构报名该教师的课程；报名确认后可以在该平台上访问该教师发布的学习内容，包括学习资料和试题、教学视频、课程和图书信息等，而且可以根据需要与教师以及本课程的其他学习者互动交流。

粉笔网设有"名师堂""资料室"等功能模块。"名师堂"按照所属学科领域列出了名师列表和名师介绍，教师是经过真实身份认证的，确保了信息的真实性和有效性。系统会根据学习者关注的领域自动推荐该领域相关的名师，学习者通过该平台方便地和教师联系，而且聊天记录可永久保存以便复习和回顾。教师可以随时更新和发布讲义和习题，在不同阶段都有针对性的辅导。资料室中列出了学习需要的各种资料，学习者可第一时间从这里获取名师发布的学习资料，并下载到移动端脱机使用。在这里，学习者既可自行上传，也可看到其他学习者上传的资料。另外，粉笔网还提供了将内容链接分享到微博、QQ 空间等社交网站的功能，通过社交网络，学习者可以分享学习心得，互相勉励、互相帮助。

三、移动教育在企业培训中的应用

企业培训是移动教育的另一个主要应用领域。企业员工都是成年人，专门离岗参加学习的时间和机会都非常有限，学习的内容也要求实践性较强，因此对企业员工的培训不同于学校教育。移动教育使得培训地点不局限于教室，也无须在固定时间集中授课，学习的形式更是突破了面授指导的传统模式，变被动学习为主动学习。将移动教育应用于企业培训，可以使员工在学习能力、学习动机和学习绩效上均有所改善。

在面对面培训的基础上，辅以移动教育对于员工培训有很大的帮助。尤其是对于那些需要进行演示的操作，员工可以根据自己的时间灵活安排学习活动。企业员工参加培训的主要动机是提高自己的工作技能、专业水平、工作质量等，而移动教育的方式可以随时随地根据工作需要提供必要的培训内容。

成人接受培训有几个突出优势：其一，目的明确，有既定的学习目标；其二，自我规划、自我调整以及管控能力较强；其三，在学习上表现出较强的自主性。移动教育为学习者的个性化学习计划提供了有力的支持。但同时也应注意，员工参加培训虽有明确的现实目标，但要平衡工作、学习以及家庭等多方面的事务实属不易，容易产生焦虑情绪，影响学习的有效性。移动教育支持学习者随时随地的学习，并支持碎片化的学习，有助于这类矛盾的缓解。

下面结合两个实例来了解移动教育在企业培训中的应用。

（一）基于微信的微培训

Y公司成立于2011年，主要面向高等院校、职业院校、社会培训机构及个人提供管理与信息化人才培养与服务。该公司自主研发了多款实践教学平台与产品，包括信息化实验室、沙盘实验室、虚拟商业社会环境实践平台等。从2013年开始，该公司尝试基于腾讯公司的微信平台推广移动端的"微培训"，并开发了相应的工具和平台，目前已经初步形成了较为完善的微培训流程体系，如图5-2所示。

Y公司的微培训以微信为载体，通过微信的聊天、开放平台和公众平台三大功能实现企业培训的基本流程。在培训前的准备阶段，主要使用微信的聊天功能，把受训对象加入微信群中；然后在微信群中向已订阅的学员推送多媒体的培训资料。在学员互动反馈时，可通过微信群开展实时讨论。此外，培训师和学员在朋友圈或者第三方网站上看到有关培训主题的内容时，还可以分享到朋友圈中供小组成员阅读，实现培训资源共享。

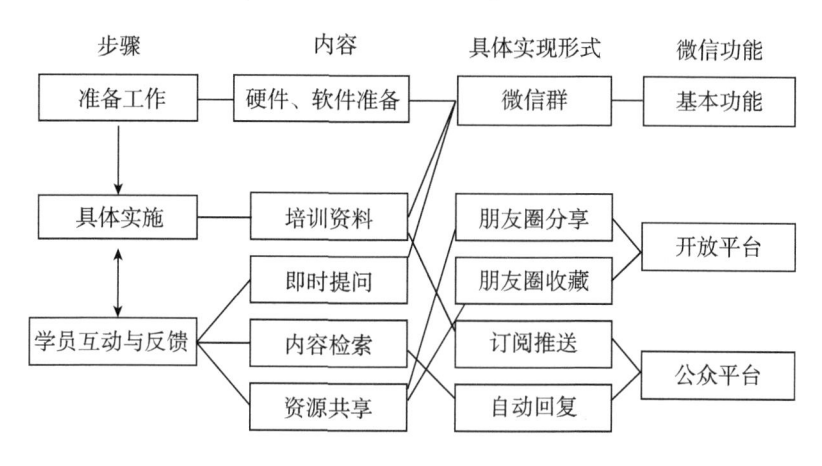

```
步骤              内容           具体实现形式      微信功能

准备工作 ──── 硬件、软件准备 ──── 微信群 ──── 基本功能
   ↕
具体实施 ──── 培训资料 ──── 朋友圈分享
           ├ 即时提问      朋友圈收藏 ──── 开放平台
   ↕       │
学员互动与反馈 ├ 内容检索 ──── 订阅推送
           └ 资源共享 ──── 自动回复 ──── 公众平台
```

图 5-2　Y 公司微培训流程

微信平台具有多媒体功能，培训师可以利用微信群向学员发送图文并茂的学习内容，并可配合语音说明；还可以从第三方网站分享图片、视频等多媒体辅助教学材料。微培训中学员的互动与反馈贯穿于整个培训过程。最常见的互动反馈是在微信群中进行的，群内学员也可以自由发言，与培训师及其他学员之间互动提问。微信群还可以催化线上行动学习，如通过不同学习小组间的头脑风暴和群内讨论，可能会收集到很多棘手业务问题的解决方案。

除以上功能外，Y 公司微培训还充分利用了微信公众平台的内容检索功能。通过设置与培训项目相关的关键词，学员自行输入关键词后，公众平台的自动回复响应功能可以满足学员的搜索需求。另外，自动回复响应功能还能够帮助学员进行复习与回顾。培训师在自动回复中设置学员可能遇到的常见问题的关键词，当学员输入问题后，系统就能够自动回答。

"微培训"是移动教育在企业培训中的一种新的应用方式。它顺应了互联网时代的信息传播特点，迎合了员工学习习惯的改变，随着社会化媒体软件功能的不断开发和技术升级，其拥有巨大的发展潜力和完善空间。当然，微信等社会化媒体并非为企业培训所专门开发，因此企业在使用这些技术时仍旧不能完全脱离传统培训和在线学习，需要与二者有机结合。

(二) 中国石化——让学习随心而"动"

中国石化依托远程培训系统，开发了基于智能移动终端的客户端应用，将基于 PC 机的远程培训与移动教育完美结合，提高了学习的即时性和便捷性，充分满足了学习者的个性化需求。通过分析移动教育的特点、方式及应用实践等，中国石化的学习项目设计了训前、训中、训后共 18 个关键节点，以培训项目的规范化设计与开发为主题，遵循"关注学员感受，满足学员需求，促进行为转化，创造培训价值"的现代培训理念，深度推进移动教育技术。

移动教育为中国石化的培训组织者提供了强大的实施平台和无限的设计空间。互联网和智能手机的结合使受训学员充分体验了移动教育设计的全部活动与学习环节。通过移动教育，组织者在训前和训中及时推送大量与培训主题相关的知识、工具和练习题，提供丰富而实用的学习内容；学员们可根据自己所需下载或在线反复学习。以"集团专职教师培养"项目为例，在学员集中培训的前 10 天，课程组利用中国石化远程培训平台和移动教育 App，创建了"专职教师培训班"；同时，利用微信公众平台，建立"专职教师微信群"。集中培训开始后，项目组继续利用移动教育 App 功能，充分挖掘移动技术对培训的激励和辅助功能，为受训者提供全新的培训理念和学习体验。面授培训结束后，学员们将按照课程组的要求，按期完成训后行动计划的制订并定期反馈。学员在新项目开发与实施过程中如遇到任何问题，还可继续借助这两个平台与学院专家、学员之间进行交流探讨，充分发挥微对话、微交流、微学习对工作的指导和帮助。

中国石化综合使用"远程平台"、"移动平台"和"微信平台"三个平台相结合推广培训项目取得了良好效果。学员们的学习时长显著增加，学习兴趣不断增强，学习热度持续旺盛，学习效果非常显著。移动教育的使用使得培训与学习呈现出以下四个特点。

1. "长与短"

借助移动平台和微信平台功能，学员们学习"时长"增加；而微内容使得每一次学习时间"缩短"。

2. "高与低"

所提供的学习内容和学习手段，满足了个性化需求，学习效率"提高"；

而用移动平台对授课教师、培训项目等及时评估,"降低"了培训成本。

3. "大与小"

信息技术承载了"大容量"的数据;而用手掌中的"小手机"可以实现随时随地浏览学习。

4. "快与慢"

移动互联网的出现,"加快"了人们接受知识的速度和进度;而移动互联平台实现了知识的储存和重复学习,又使对学习内容的遗忘"变慢"。

第六章 移动电子商务在旅游领域的应用

随着智能手机的普及和移动互联网的快速发展,在移动网络支持下,越来越多的旅游者在旅游过程中借助移动设备进行搜索检索、获取信息,完成完整的支付、实地消费等过程,并进行评价与分享。本章将从移动旅游电子商务概述、应用环节、生态系统优化以及产业链的重构分析等方面进行分析和探讨。

第一节 移动旅游电子商务概述

一、移动旅游电子商务的基本概念

移动旅游电子商务是指围绕旅游者需求,企业通过移动终端利用移动互联网、物联网和卫星定位等技术,实现移动过程中的吃、住、行、游、购、娱等旅游服务的电子商务和延伸的关联服务。

移动旅游电子商务凭借其特有的移动支付和基于特定位置服务的优越性,大大拓宽了传统电子商务的服务范围。移动旅游电子商务凭借其随时随地的个性化、实时化的贴心服务,解决了旅游产品生产与消费需求的时间和空间差异性,显示出了独特的优势。

二、移动旅游电子商务的特点

移动旅游电子商务的特点主要表现在服务和管理两个方面。在服务上,以游客、消费者自身携带的电子设备为主,通过移动网络或自身无线网络建设的支持,以及开发应用等方式,为游客提供实时的信息查询、预订、支付、评价等功能;在管理上,则更多采用研发专属硬件的形式,实现对电子商务过程的管理、数据采集与统计分析。

(一) 移动性

移动旅游电子商务的移动终端方便携带，其介入位置并不是固定不变的，而是随着旅游者的活动地域不断变化，旅游者可以随时随地浏览旅游信息，甚至购买旅游产品，所以具有很强的移动性。

(二) 方便性

移动终端可以作为移动旅游信息查询台、移动导览设备，甚至是移动银行，旅游者可以利用移动终端灵活浏览旅游信息，享受游前、游中、游后的快捷信息查询、预订、支付等便利服务。移动旅游电子商务的这种方便性也反过来使旅游者更加忠诚于移动旅游电子商务这一模式。

(三) 及时性

旅游者通过随时随地访问移动终端来获取旅游信息，同时移动旅游电子商务的商家可将旅游信息直接发到旅游者的移动终端。随着4G、5G移动通信技术的发展和移动终端设备的应用，这种沟通方式越来越及时、越来越全面。

(四) 定位精准性

移动旅游电子商务依托于移动终端GPS功能，旅游服务提供商可以识别旅游者所处的位置，可以提供与该位置相关的交易服务，还可以根据位置信息提供个性化服务。

(五) 服务个性化

移动旅游电子商务将旅游者和旅游服务商联系起来，不受计算机或连接线的限制，促使移动旅游电子商务走向个性化。它可以根据旅游者身份、位置、个性化特征等提供相配套的定制服务，旅游产品服务需求者完全可以根据需求控制服务方式。

(六) 安全性

移动旅游电子商务由于可以定位和识别旅游者，同时移动终端又具有私人特征，势必会产生旅游者的隐私保护和财产安全问题。因此，移动旅游电子商务必须具有更高的安全性，支持旅游者可选的隐私及安全的设定，在保护旅游者隐私和财产安全的同时，最大化满足旅游者的需求。

第二节 移动旅游电子商务的应用环节

旅游活动具有异地性、移动性和综合性等特点，很好地契合了移动电子商务的基本特征。近年来，随着移动电子商务技术的普及和与旅游业的密切结合，已经有不少研究者对移动电子商务在旅游产业中的具体应用进行了多角度的研究。

移动旅游电子商务应用领域涉及移动信息服务、移动预订服务、基于位置的服务、旅游移动社交、旅游移动支付、移动旅游救援以及移动客户关系管理等诸多方面。一般来说，移动电子商务在旅游业中的应用主要体现在以下方面。

一、旅游前移动电子商务应用方式

（一）移动信息服务

移动旅游电子商务能够实现在移动过程中，持续地为旅游者提供各种与旅游活动有关的全方位的信息搜寻服务。从有旅游意向、作出旅游决策到旅游活动结束的整个过程中，旅游者都需要不断地进行信息的搜寻、比较，进而作出各种旅游决策，以消除由于旅游活动的不确定性带来的旅游活动中的信息不对称，以此来降低旅游活动中的各种风险，享受旅游活动的最佳体验。

移动信息服务的内容主要有餐饮信息、景区信息、住宿信息、交通信息、旅游攻略、旅游购物信息等多个方面。移动信息服务与游客旅游活动的异地性和生产、消费的统一性高度契合，和传统的旅游供应商相比，服务更具个性化，旅游体验更加丰富。手机等移动终端具有很好的便携性，旅游者能够随身携带，方便了旅游者即时获取住宿、景区、餐饮、生活、娱乐、生活、购物、风俗习惯等旅游相关的各种信息，并配合位置查询和导航、移动支付等操作。

移动信息服务在旅游业中的重要作用一方面体现在，旅游者在旅游前和旅游活动过程中通过移动设备对相关信息的搜索、分析对比进而做出预订。其中，餐饮、景点、住宿、民俗、娱乐等多元化移动信息的个性化服务和相关性开发，是移动电子商务在旅游活动中最关注的两个方面。另一方面体现在，旅游服务机构和各种旅游供应商借助移动互联网平台进行旅游产品或服务信息发布，开展多种形式的旅游促销。旅游者在旅游过程中也可以将自己拍摄、创作的照片、视频等以及旅游体验，通过移动旅游电子商务及时进行发布、分享、交流等。此外，在旅游过程中的一些较为枯燥的时段如在乘坐旅游交通工具的途中，旅游者借助移动旅游电子商务，既可以处理一些工作事务，也可以下载游戏、音频、视频，或者在线观看移动电视、玩游戏、发短视频等，进一步丰富旅游行程中的内容和体验。

（二）移动预订服务

随着中国网民尤其是手机网民数量的增多，移动预订是大势所趋，以移动旅游电子商务为核心的新旅游消费业务模式逐渐成为主流。移动旅游电子商务结合用户的位置信息，满足旅游者机票、酒店实时查询，并获取周边景区、餐饮、购物等生活信息，形成了全新的旅游产业链发展模式。移动旅游电子商务整合了餐饮、住宿、景区、购物、娱乐等旅游资源信息，使旅游者对客房、旅游景区、餐饮和游程的预订及变更等可以随时在移动终端上操作。一方面，在旅游活动开始之前，旅游者可以通过移动旅游电子商务对餐饮、住宿、交通、景区门票等产品和服务进行提前预订，大大减少了旅游活动准备的时间，使得闲暇时间能更多地用到旅游过程中去。移动旅游电子商务平台整合了交通、铁路、住宿、餐饮、旅游吸引物等多方面的信息，方便旅游者能够有效地快速检索、预订并完成支付。另一方面，在旅游活动过程中，旅游者可以根据具体的旅游场景和自身需要的变化对原有预订进行变更、撤销和重新预订等操作。尤其是移动旅游电子商务信息传递的迅速性和有效性，根据旅游活动中的临时变动，随时随地帮助旅游者制订新的游览方案，及时变更订单。

二、旅游中移动电子商务的应用方式

（一）基于位置的服务

基于位置的服务（Location Based Service，LBS）是通过电信移动运营商的以 GPS 为代表的外部定位方式和 GSM 网、CDMA 网等无线电通信网络，获取移动终端用户所处的位置的信息,在地理信息系统平台的支持下,为用户提供各种与位置相关的服务的一种增值业务。[①] LBS 能够借助互联网或无线网络,结合互联网地图,确定移动设备或用户所在的地理位置,提供与位置相关的各类信息服务。

移动旅游电子商务中的 LBS,可以利用无线移动设备和地理位置信息,为旅游者提供路径追踪、移动医疗、位置导航和移动救援等服务。目前来看,旅游者更喜欢选择自助游的方式,相对于传统的跟团游,旅游者的活动轨迹和方式具有多样性强、随意性强和个体性程度高等特点。因此,移动电子商务和现代旅游高度契合的重要原因是移动电子商务能够通过旅游者的位置信息来针对性地提供个性化服务,满足自助游的各种个性化需求。此外,LBS 能够减少旅游活动中的不安全性,通过定位服务能够及时获取旅游者的位置信息,提供及时的信息预警,同时在紧急情况下为安全救援工作争取更多的救援时间,提供多方面的便利。

旅游者在旅游过程中处于不断的位移之中,在定位技术和通信技术发展的双重推动下,移动电子商务 LBS 在旅游中逐渐获得了广泛的应用,主要包括基于位置的信息查询服务、交通和导航服务、位置跟踪服务、移动广告服务、移动导游服务、安全救援服务等。在移动旅游电子商务平台上注册登记的景区、交通、美食、演出、娱乐、民宿、探险等旅游资源信息,结合电子地图信息,借助有关 LBS 终端软件产品或 App 提供给旅游者使用。

借助 LBS,移动旅游电子商务平台可以利用 GPS 功能实现用户位置定位、既定目标的位置导航,还可以随时随地搜索用户自身附近或者感兴趣的旅游吸引物的详细信息,通过数据库系统查询票务、门票、电影院座位、酒店床位等信息,及时推送给旅游者,并实现即时预订并支付。

此外,基于 LBS 的旅游社交平台,还能够满足旅游者约伴、求助、搭车、共享等社交需求,改变众多旅游者,尤其是自助旅游者的旅行方式,促进国内旅游服务业向个人旅游形态的转型和升级。一个典型 LBS 应用是电子导游服务,这也是近几年发展迅速的一种移动商务应用。电子导游服务通过定位技术来获取旅游者所在景点位置信息,根据旅游者所处的位置及时通过旅游者的移动终端设备提供所在景点和相关配套设施的有关信息。电子导游服务是一种专为自助游旅游者设计的集交通查询、导游讲解、美食购物查询等功能于一体的智慧

[①] 毛锦庚,钟肖英. 新编电子商务概论 [M]. 广州:中山大学出版社,2018:186.

旅游服务，旅游者可以自主地设计、选择某区域的旅游路径，由电子导游为其作语音导向、路线导航和景区讲解，让旅游者在享受自助旅游灵活性的同时，还能享受导游讲解的服务，了解旅游景区的全方位的信息。

（二）旅游移动社交

移动互联网的广泛普及，让旅游者的移动社交更为方便。由于旅游者的足迹具有碎片化的特点，而以手机为代表的移动终端的便捷性与移动性，适合旅游者进行信息的碎片化记录，使其可以随时随地拍下影像资料、视频资料，并描述和分享旅游中各种的体验。当这些碎片化的信息被通过多种维度和方式组合起来，就可以构成较完整的旅游体验的记录。旅游者碎片化的信息可以借助移动旅游电子商务，自由地组合在一起，并提高传播的灵活性和快速性。尤其是，社交网络与移动电子商务的融合，通过兴趣圈子与熟人网络等多种自媒体进行信息传播，大大提高了用户的活跃度和旅游内容的分享频率。

旅游社交化日益成为旅游者旅游决策过程中的关键诉求和依据。随着移动旅游电子商务的快速发展，旅游者逐渐习惯了手机预订，要求随时随地可以实现查询和预订。年轻的一代旅游者对传统营销方式已经产生了厌烦情绪，对移动互联网的深度依赖使其旅游决策更多依赖其他旅游者的评论和分享，并倾向于在虚拟社交中积极分享，寻求认同和安慰。移动旅游电子商务为旅游者提供了真实、可信又具备高品位的平台，满足了旅游者分享互动的个性化需求，使其能实时地浏览和获取他人旅游信息、分享旅游经验，回忆旅行中美好点滴，提高了用户黏性。

移动旅游电子商务的传播特点让点评和分享在社交媒体中实现了更加快速的传播，大大增强了口碑的力量。旅游者在微信、微博等移动社交平台关于旅游产品或服务信息的分享传播，帮助旅游企业实现了低成本营销，对其他旅游者的旅游需求决策产生了重要的影响，并通过爆款、特价、秒杀、拼团、众筹等形式获得了优质、优惠的高性价比产品。

旅游者的亲身体验对于其他旅游者选择何种旅游产品和服务、如何安排自己的旅游行程等旅游决策具有较大的参考价值。移动旅游电子商务平台引导旅游者针对旅行中的各个环节（如酒店、景点、餐厅、美食、娱乐等）分享他们真实的旅游体验，为旅游者提供对有关旅游产品和服务进行点评与评价的平台，并通过结构化平台、高效的检索方式，将这些信息呈现给其他旅游者。此外，移动电子商务还可以借助"格式化"的工具,对自己的旅途游记进行整理,并融入照片、视频、旅途心情、美食推荐、交通费用、住宿指南、商家和服务点评,乃至购物开销等信息,轻松形成立体化、全方位、高时效性的旅游攻略,汇聚成最真实、最实用的目的地旅游指南,为其他旅游者的旅游决策提供了有效的参考依据。旅游者作出旅游决策,选好旅游目的地之后,这些信息将帮助旅游者选择能够迎合其需求的酒店,便捷地在旅游目的地参观游览,他们制定出高性价比的旅游行程,提高了旅游决策的科学性。移动旅游电子商务的社交工具和途径提高了旅游者点评的真实性与参考性,为旅游者带来更多选择。

移动旅游电子商务平台的旅游攻略中的交通、签证、餐饮、娱乐、住宿等模块内容均由旅游者提供,旅游者通过游记、个人主页、点评、攻略纠错、结伴出游等功能完成旅游信息流的持续不断的循环与更新,在旅游信息交互中轻松地作出旅行决策,激活了潜在的旅游产业要素,使旅游产业的内容和发展模式更加具有弹性,也更加多元。

(三) 旅游移动支付

旅游移动支付主要是指旅游者在在线电子商务交易的过程中主要借助移动终端来完成在线旅游产品或服务费用的支付。我国手机的普及率逐年增高,尤其是智能手机的发展尤为迅速,用户数量迅猛增加,移动支付服务也随着智能手机的普及而快速发展起来。旅游者在旅游过程中是不断移动的,移动支付打破了传统在线支付的时间和空间的限制,使得旅游支付的时间和空间不断拓展。特别是当旅游者需要临时做出消费选择和决策时,如取消酒店的预订,对交通票务进行改签、退换时,借助移动支付可以不需要到指定的受理地点现场办理,而只需要通过移动终端设备即可随时解决问题,提高了旅游决策的灵活性。

使用移动终端在线为产品实现支付已经成为众多旅游者的旅游习惯。我国旅游者不仅有着较高的移动支付意愿,而且可接受的价格范围普遍较大。当前,移动支付在安全性和易用性方面得到了旅游者的广泛认同,旅游者通过移动端购买旅游产品呈现出"接受度高、价格承受度高和使用黏性高"的"三高"特点。

旅游移动商务平台的支付功能为旅游者的生活消费、观光旅游提供了快速、便捷、安全的支付手段,为旅游者提供了更加良好的支付体验和更为丰富的应用。移动旅游电子商务接入移动支付,将旅游信息、预订与交易等功能有效整合,有效地满足旅游者安全、高效、快捷的支付需求,也为旅游产业链的跨行业扩展与叠加发挥了更大的促进作用。旅游者不仅在旅游预订环节上进行交通费用、酒店客房预订和门票预订的支付,在景区的餐饮、娱乐服务、纪念品购买和其他增值服务等环节均可使用移动支付工具进行支付。此外,移动支付的发展促进了旅游业务的价格监督管理、收费标准化建设,降低了因服务不标准、不规范而产生的交易风险,为旅游者以更高的性价比购买旅游产品或服务提供了支撑保障。移动支付的高防伪性也大大降低了因携带现金外出旅游而发生的偷盗损失。

旅游移动端 App 接入移动支付,打造了旅游者移动旅游新体验。移动旅游电子商务平台通过大数据、云计算等新型技术,借助由移动旅游电子商务和移动金融共同搭建的移动交易支付平台,改变了传统旅游支付柜面交易对特定地理位置和营业时间的硬性要求,让旅游者在更广的时间和空间里享受更好的旅游体验。移动旅游电子商务通过完善其移动支付体系的安全性、便捷性和可操作性,降低了移动旅行用户的支付使用门槛。借助旅游移动支付,提升旅游者全程闭环式支付体验。因此,移动支付在移动旅游市场的拓展和介入,实现了移动电子商务"线上、线下"O2O 式闭环构建,打造了"吃、住、行、游、购、娱"一站式旅游产业链的全面布局,为旅游者提供了线上交易、线下体验的全新旅游体验。

此外,通过推广和应用越来越特色化、个性化的移动支付方式,不仅带来旅游者消费体验的升级和相关福利的提高,更重要的是带动了整个旅游产业业态走向丰富化和多元化。旅游移动支付实现了旅游业、金融业、通信业等多个产业的跨界合作和数据共享,通过"平台、数据、金融"的作用,深刻影响和改变了旅游者的旅游消费方式、旅游消费行为和旅游产业链内容。尤其是,银联等金融服务平台倡导商圈共享,将"共享商圈"等相关产业元素融入旅游需求中,丰富了旅游者的服务内容,也促进了多元化产业要素在旅游产业中的融合。

旅游移动支付催生了"互联网+旅游+金融"的产业格局的形成。我国移动互联网旅游金融产品消费用户与休闲旅游产品消费用户重合度较高,尤其是经济发达地区的旅游者对移动互联网旅游金融产品有着较高接受度。旅游金融已经嵌入移动旅游电子商务下旅游产业链的各个交易环节,成为旅游产业链体系中重要的一环。在移动旅游电子商务、垂直分期旅游平台、互联网金融公司、银行等在内的众多旅游产业链相关企业的推动下,旅游产业各细分领域会不断创新并推出新的旅游产品和服务,催生了移动互联网旅游金融等产业细分领域,为旅游者提供了专业化的服务。

(四) 移动旅游救援

在旅游活动的过程中,旅游者位置移动的特性明显,运用移动定位技术,通过根据旅游者的位置做好事故前安全宣传和发布旅游警情,借助定位技术帮助事故工程中定位搜救、传送急救知识、组织安全救援等服务,最有效率地进行救援资源的有效配置,实现快速、有效地施救,保障出行人员的人身和财产的安全。其方式主要包括在旅游出发前对旅游者宣讲安全知识,增强安全防范意识,提示旅游者可能发生的各种旅游安全事故,并做出提前预警,对旅游者所处的地理位置和旅游状态进行实时监控;在事故发生之后,对旅游者所在的具体地理位置进行精准的定位,及时通知相关救援部门,协助事故发生后及时开展救援措施,并且向社会及时地发布救援的开展情况,做好善后处理工作,提升旅游救援的效率。

三、旅游后移动电子商务应用方式

(一) 移动客户关系管理

移动旅游电子商务客户关系管理主要包括收集旅游者信息、与旅游者及时沟通、针对性营销等方面,是在使用手机等移动终端的基础上,实现旅游产品和服务供给与需求信息传递的实时性及有效性,在尽可能满足旅游者随时随地旅游需求的同时,最大限度地提高旅游者对旅游产品或服务质量的主观评价,控制旅游产业链运作的市场风险,提升旅游产业链的运作质量。

移动旅游电子商务凸显了旅游者的地位。通过移动旅游电子商务,可以方便地收集旅游者信息,在旅游过程中可以与旅游者及时沟通,根据旅游者的生日、兴趣、偏好和购买习惯等及时地为其推送、推荐有关旅游产品与信息,在维护客户关系的同时进行更有针对性的营销,提升旅游者的满意度。

因此,移动电子商务已经成为旅游企业互联网营销活动的主力平台,通过对旅游者进行精准定位,包括地理位置的定位和需求定位。借助移动旅游电子商务,结合旅游者以往的旅游消费记录,分析每个旅游者购买的时机,同时加强旅游产业、旅游供应商和旅游者之间的互动，从而为其提供有针对性的、个性化的旅游产品和服务。移动旅游营销和传统的电子商务营销相比具有以下优势。

一是精准定位，包括旅游者地理位置定位和旅游需求定位两方面。基于位置的服务是移动电子商务和传统电商最主要的区别。移动电子商务通过掌握旅游者的地理位置和附近环境，引导旅游营销向场景化方向发展；同时，旅游者也能够使用移动电子商务提供的位置服务快速、准确地找到想要到达的旅游目的地，找到最能满足其需要的旅游吸引物。旅游需求定位则是通过对旅游者位置和环境的分析，预测旅游者可能的需求并针对性地开展营销推广活动，通过营销策略的针对性使用，把潜在的旅游者转化为现实的旅游者。

二是接收效率高。每一个移动终端设备（如手机）都对应着一个特定的旅游者，因此移动电子商务在旅游营销活动开展过程中能够实现"一对一"的高针对性的营销活动，引导旅游需求从大众走向个性。移动终端设备尤其是手机具有使用频率高、使用时间长的特点。因此，通过移动终端设备发送的营销信息接收率和报纸广告等传统营销形式的接收率相比要高得多。

三是互动性好。移动旅游电子商务平台为旅游企业和旅游者之间的互动提供了一种更为快捷、便利的方式。从旅游者的角度来看，旅游者可以快速地反馈意见，如在线咨询、发送短信等，搜索并了解旅游决策和旅游活动中自己所需要的各种信息，同时能够将自己旅游过程中的各种见闻和趣事通过移动电子商务平台分享给自己的好友，满足人们社交和自我实现的需要。从旅游企业的角度来看，移动旅游电子商务平台能够帮助企业及时接收到旅游者的意见反馈，并根据其意见和要求提供针对性的服务或解决问题的方案，提高旅游企业的服务质量，增加旅游者的满意度。

四是成本低廉。信息技术，尤其是移动互联技术的出现，使营销活动超越了时空的限制，营销的时间和空间范围有很大的扩展。且营销信息数字化程度的提高，在很大程度上减少了传统营销的广告宣传费用、传统物料费用和人力的消耗，降低了旅游企业的运营成本，增加了旅游企业的经济效益。

（二）移动旅游监督评价

在移动旅游电子商务下，旅游产业逐渐实现了业务融合、个性服务和跨界发展，旅游者旅游需求的发展和旅游产业的供给更加便捷、更具个性，并带来市场创新、模式创新和对旅游业生态的颠覆。一方面，提高了监管难度。移动旅游电子商务带来的旅游产业链生态圈创新加速和业务平台的开放化，使旅游产业链内容涵盖了更多良莠不齐的产业链内容，由此使监管变得更为复杂。在移动旅游电子商务下，众多新兴旅游产品应用的增多和自由开发，给原有的旅游传统业务分类和市场准入为主要手段的监管模式，带来了巨大的挑战。另一方面，个性服务带来了旅游管理盲点。管理和法规具有滞后性，在移动旅游电子商务快速发展的情况下，使现有旅游监管体系尚没有覆盖到移动旅游电子商务下新生的旅游产品和服务形态，缺乏针对移动旅游电子商务的创新性旅游产品，尤其是个性旅游产业和服务产品的有效管控。此外，为传统旅游产业链条解构带来了挑战。移动旅游电子商务使旅游产业要素的范畴呈现出随旅游者需求变化的动态性特征，旅游产业链要素组合方式的变化也带来了旅游产业运作机制的深刻变化。

旅游行业监管需要跳出传统的监管思维，对移动旅游电子商务下旅游业务创新进行主动适应和调整。移动旅游电子商务平台应和政府监管部门建立有效信息互动，打造"移动互联网+旅游市场监管"新模式，通过信息监管和反馈机制的信息化发展，有效地提高政府对旅游行业的监管能力。在针对旅游服务质量和旅游产品的反馈系统构建上，一方面，移动旅游电子商务平台为旅游者提供了提交行程路线、景区资源质量、旅游服务的质量反馈渠道及评分体系，进而为旅游市场的健康发展提出可参考的建议；另一方面，旅游者可以随时随地获取有关旅游产品或服务提供者的移动旅游监督评价信息，查看吃、住、行、游、购、娱旅游市场主体的地理位置以及综合信用等级、许可证、荣誉等信息，并据此作出消费决策，通过旅游者的市场选择实现旅游产品或服务提供者的优胜劣汰，优化旅游产业供给，推动旅游产业的健康发展。

四、移动旅游电子商务的应用类型

相对于传统电子商务，基于移动互联网的移动旅游电子商务凭借移动性和终端的多样性，形成了随时随地提供个性化旅游产品和服务的能力，允许旅游者访问移动网络覆盖范围内任何地方的服务，并以其特有的移动支付和基于位置的服务大大扩展了传统电子商务的服务能力与服务范畴。

由于不同旅游企业等旅游产业链供给主体电子商务运用水平和深度、企业规模、技术实力等方面的差异，移动旅游电子商务在旅游中的应用模式也呈现出多元化的态势。根据移动电子商务的不同业务特征和标准，移动电子商务应用模式可以有多种分类方法。不同的研究者从不同角度分析了移动电子商务的运营模式，一般多基于对移动旅游电子商务的服务主体和内容进行分析，关于移动电子商务在旅游业中应用模式的系统性研究不多，多是针对某些特定问题的研究，问题型文献、对策型文献所占比重较大，关于移动电子商务研究的宽度和深度需要进一步拓展。

实际上，移动电子商务在旅游业中的应用，不仅为旅游企业和旅游管理者降低成本、提高管理效率提供了机会，而且使旅游者能够利用智能移动终端随时随地地获取旅游信息，进行旅游产品和服务的预订与交易。由此，旅游者获得了交易过程中的自助权，成为旅游产品或服务体系的核心所在。信息构成了有关平台得以运作的基础，旅游产业链内容和机制则成为满足旅游者多元个性化需求的保障。因此，移动旅游电子商务的分类研究重点应着眼于旅游者。据此，移动旅游电子商务的应用层次可分为三个。

一是面向旅游者的应用。以发现和满足旅游者市场需求为中心，包括发布旅游信息、旅游市场调研、公关促销等促进旅游交易实现的各种商业行为；还包括信息咨询、移动支付、旅游交易、售后服务等促成旅游交易的商贸活动。

二是实现旅游企业内部的经营管理活动的重组和整合，比如利用旅行社业务管理系统、酒店客户管理系统、财务管理系统和客户关系等实现旅游企业内部管理信息化，提升旅游企业的管理水平和服务水平。

三是移动旅游电子商务运行环境支持，包括移动旅游电子商务的通行规范，市场的可接受度，政府的认可度，移动旅游电子商务的支付与安全环境的保障等。

在上述三个层次中，第一个层次和第二个层次依靠第三个层次提供的环境支撑，最终实现移动旅游电子商务的三个层次的协同发展，不仅有利于移动旅游电子商务发展的良性循环，而且将极大地提升旅游产业链运作效率。根据上述应用层次，移动旅游电子商务应用可分为如下类型。

（一）以旅游者为中心的应用类型

该类型移动旅游电子商务主要采用"平台+服务"的商业模式，移动旅游电子商务为旅游企业与旅游者提供一个旅游产品或服务交易的技术平台。一方面，移动旅游电子商务平台为旅游者提供功能完备、内容丰富、灵活方便的旅游产品或服务信息查询、比较和交易平台与机制，满足旅游者日益增长的旅游需求。另一方面，移动旅游电子商务平台通过分析旅游企业和旅游者的需求信息，为旅游企业运营提供多样化的整体解决方案，并通过网络推广等不同手段，吸引更多旅游产品或服务提供商加盟，为旅游者提供个性化的服务和多元化的选择。

1. 市场交易类

在这类移动旅游电子商务中，旅游企业可通过移动旅游电子商务直接向用户提供个性化和本地化的旅游信息、产品和交易服务。例如，大众点评网等移动电子商务平台可基于旅游者的位置信息，为旅游者提供与其当前位置直接相关的餐饮、宾馆、加油站等信息查询服务。

从服务功能来看，这类移动旅游电子商务的功能可以概括为以下三类。

一是旅游信息的分类、整理、检索、传播和导航。这些信息内容涉及旅游景点、交通旅游线路、旅游住宿等方面的基本知识，包括旅游新闻、旅游注意事项、旅游常识、旅游目的地天气、货币兑换、旅游环境、人文历史等信息以及旅游体验等。二是在线销售旅游产品或服务。这类移动旅游电子商务平台主要提供旅游及其相关的产品或服务的各种折扣、优惠，饭店、航空、汽车租赁服务游船的检索和预订等。三是"一对一"定制服务。借助移动旅游电子商务，实现网上订票、预订酒店、查阅电子地图等，完成以自订行程、自助价格为主要特征的旅游行为。

从交易模式来看，这类移动旅游电子商务具有如下两种交易模式。

一是商家对消费者（Business to Consumer，B2C）交易模式，即移动旅游电子商务零售模式。旅游者先通过移动旅游电子商务获取旅游目的地的产品和服务信息，借助移动旅游电子商务自主设计旅游行程，预订景区点门票、餐饮、旅游饭店客房、车船机票等，或报名参加旅行团。另外，B2C模式还包括旅游企业向旅游者拍卖旅游产品、提供中介服务等。旅游业顾客群地域分散程度高，但是移动旅游电子商务B2C交易的出现克服了距离带来的信息不对称，方便了旅游者远程搜寻、预订旅游产品，逐渐成为当今世界应用最为广泛的电商模式之一。[1]

二是消费者对商家（Customer to Business，C2B）交易模式。这种交易模式。要借助移动旅游电子商务的中间商功能得以实现。移动旅游电子商务提供

---

[1] 罗立升. 电子商务实训教程［M］. 北京：中国铁道出版社，2020：51.

开放虚拟的信息交互平台,旅游者可以在平台上发布旅游需求信息,旅游企业查询后,双方通过在线交流自愿达成交易。① 移动旅游电子商务的 C2B 模式,是一种以旅游者为主导,体现了在旅游市场交易中旅游者的主体地位,有利于帮助旅游供给主体(各类旅游企业)更加及时、准确地了解旅游者需求,针对性对开发旅游产品,促进了旅游产业链的产品丰富和个性化趋势的发展。

移动旅游电子商务信息系统具有强大的交互功能。移动旅游电子商务 C2B 交易模式,表现出明显的信息沟通面广和成本低廉的特点,特别是网上成团的运作模式,使在传统条件下难以兼得的个性旅游需求满足与规模化组团降低成本有了很好的结合点。具体来说,这种交易模式主要采用两种形式。一是反向拍卖,由旅游者提供旅游需求价格的可接受范围,在移动电子商务平台上发出求购旅游产品和服务的信息,旅游企业针对旅游者发布的信息提供旅游产品和服务,旅游者通过不同供应商的产品和服务的对比,最终选择质价合适的旅游产品和服务达成交易。这种交易形式由于单个旅游者预订量较小,对于旅游产业链上的有关供给主体的吸引力不大。二是网上成团,即旅游者在网上发布其策划和设计的旅游线路,吸引其他有类似需求和因兴趣爱好喜欢本条线路的旅游者参加。移动旅游电子商务平台可以把相同或相似需求的旅游者会集在一起,由移动旅游电子商务企业或其他旅游中间商安排行程,预订景区、酒店等旅游产品和服务,借此在获取个性化体验的同时,增加与旅游产业链上的供给主体的议价能力。

2. 社交应用类

社交网络服务是以现实社会关系为基础,在网络虚拟环境中模拟或重建现实社会的人际关系网络。移动社交应用类移动旅游电子商务是在此基础上发展起来的一种基于移动互联网的旅游社交平台,也可以被称为旅游移动社区服务。

移动社交应用有效地结合了社交网络的特点和移动旅游电子商务移动化、个性化的特点,能为旅游者提供跨越不同平台的全新旅游社交体验。使用移动社交网络服务,旅游者可以通过实时的沟通,实现个人数据处理、社会关系管理、旅游攻略共享、旅游信息分享。

(1)社区攻略。随着自助游和自由行的兴起,旅游攻略成出行必备,以 Lonely Planet 为代表的旅游指南开创了旅游攻略先河。

随着移动互联网和自助游的快速发展,旅游者在线分享旅游经历和体验的

---

① 蔡湫雨. 微商 5.0 新零售业态下的实体微商 [M]. 北京:中国经济出版社,2018:46.

愿望不断增强，互相沟通交流旅游心得和经验的需求也越来越大。当前，众包形式的用户生成内容（User Generated Content，UGC）攻略内容日益丰富，移动旅游电子商务旅游攻略社区功能日渐完善，马蜂窝、穷游及携程等移动旅游电子商务中的攻略社区成为旅游者分享和查找攻略的主要渠道。在此基础上，移动旅游电子商务攻略社区商业模式逐渐成形，根据海量信息抽离标准兴趣点（Point of Interest，POI）、接入自由行等资源，激活了旅游产业链资源，帮助旅游者完成旅游决策，提升了旅游者满意度。

就旅游者需求而言，随着团队游缺点的日益显现，旅游者自助出游的意愿逐年上升，自助游旅游者的比例快速升高。特别是随着移动旅游电子商务的快速发展，出境自由行的旅游者不断增加，也变得日益便利。

当前，社区攻略 App 已成为旅游者出行的重要参考工具，大量旅游者会参考社区攻略内容进行旅游路线规划。

（2）运作模式。其运作模式主要有以下几种。

其一，"UGC+PGC" 精致移动攻略。当前，在移动旅游电子商务社区攻略中，旅行分享、旅游攻略等 UGC 内容在日益丰富的同时，也呈现大量的雷同，缺乏特色。但纯专业生产内容（Professionally Generated Content，PGC）在内容分类以及丰富性方面，则可能无法完全满足旅游者的个性化、多元化需求。由此，"UGC+PGC" 形成的"众包共享+专业编辑"的社区攻略内容的产生与共享模式，保障了社区数量与质量、个性化与多样化之间的平衡。可以为旅游者节省社区攻略查询的时间成本，为旅游者提供了针对性强的旅游产品、旅游行程、服务建议。

其二，"攻略+产品" 产业化。随着移动旅游电子商务社区攻略的发展，旅游社区攻略商业化布局凸显，形成了一种高效的商业模式。穷游网从推出"穷游折扣"到升级成全新的"穷游世界"，在路上推出淘在路上，马蜂窝也对原有的产品进行升级推出"马蜂窝自由行"，面包旅行则上线"面包自由行"，可见旅游社区攻略已经开始从移动端重新布局，从移动端接入旅游产品。社区攻略依托有关移动旅游电子商务的旅游产业链元素创新及资源整合能力，形成了较为丰富的资源配备，不仅为旅游者出行预订提供随时随地的决策参考，而且为旅游者提供多样而丰富的旅游产品和服务，方便旅游者完成边查边订。

其三，"图文+影音" 的新攻略。随着美拍、秒拍、抖音、快手等小视频 App 的快速发展，旅游者分享旅游经历和体验的形式日益多样化，从最初的图片+文字的旅游心得,到记录旅游小视频的分享,旅游者通过文字、图片、影音等多样化的形式记录旅游行程、分享旅游体验。在多元化的分享途径下,旅游者对社区攻略内容的个性化需求日益凸显,单纯图文形式的社区攻略已不能满足旅游者迫切了解旅游目的地实际情况的需求。绘声绘色的攻略影音视频,不仅有利于旅游者更为生动、直观地了解旅游目的地的实际情境,而且有利于激发旅游者的旅游需求,激活潜在的旅游产业链元素,创新旅游产业链内容,拓展旅游产业链的发展路径,提升旅游产业链发展质量。

3. 情景应用类

情景应用是指通过具体的旅游情景感知提示,结合旅游者的特征偏好,来触发、发现旅游者的需求,为旅游者提供相应的旅游产品和服务信息及预订渠道。这类移动旅游电子商务主要是基于旅游者搜寻和旅游习惯信息与具体情景感知为旅游者提供服务。首先,通过分析旅游者所处的当前位置、时间和需求,来分析和预测旅游者未来可能的位置和需求;其次,结合数据基础和推理机制,分析旅游者可能的需求意愿;最后,为旅游者提供有针对性的即时旅游产品或服务信息,并通过有效的商务机制助其进行信息的查询、比较,完成旅游产品和服务的预订、支付,结合线下具体旅游产业链供给主体提供的实体性旅游产品和服务满足其旅游需求。

(二) 以旅游产品和服务提供者为中心的应用类型

该类型移动旅游电子商务以旅游产品和服务提供者为核心,主要通过旅游企业提供"产品+服务"的商业模式来运营。旅游产品和服务提供者是移动旅游电子商务中旅游产品和服务交易的创造者与传播者,是为移动旅游电子商务提供产品和服务的具体执行者,是实现移动旅游电子商务商业价值的推动者。在此基础上,B2C 式移动旅游电子商务平台是对有关旅游产品或服务信息进行二次处理和呈现,形成满足旅游者需求的、适合在移动电子商务平台上传送的旅游产品或服务信息。这种类型的移动旅游电子商务主要采用商家对商家(Business to Business,B2B)模式,又可分为公共独立平台交易模式、行业内平台交易模式和企业专用平台模式等具体类型。

1. 公共独立平台交易模式

这是非特定企业间的电子商务模式。旅游产业链上的相关企业在开放的移动旅游电子商务平台上,为旅游产品和服务交易寻找最佳的旅游产业链合作伙伴。

2. 行业内平台交易模式

这主要是专业移动旅游电子商务平台提供的旅游行业内的交易平台，帮助各类旅游企业之间报价、查询、询价和交易的虚拟市场空间。B2B 同业采购分销平台为旅游批发商（地接社）和分销商（组团社）提供了在线交易的电子商务平台，涵盖线路产品的团期、预订、在线支付、加返、结算等功能。

3. 企业专用平台模式

这是特定企业之间的移动旅游电子商务平台。旅游产业链上的特定旅游供给主体为了共同的经营目标，共同设计、开发或全面进行市场和存量管理的移动旅游电子商务平台。例如旅游交通领域的机票分销系统，通过把航空公司的计算机预订系统与如旅行社、航空售票处、旅游饭店等机票代理商连接，实现了机票存量、优惠、折扣等信息的实时在线连接，使旅游企业间的信息共享和对接效率提高，使整个旅游产业链的运作效率不断提高。

（三）以环境保障为中心的应用类型

该类型移动旅游电子商务对线上旅游移动商务活动起着支持和保障作用，是移动旅游电子商务和旅游产业链运作中不可或缺的重要环节。该类移动旅游电子商务主要对旅游者提供信息、保障等服务性产品，而不是直接的旅游产品或服务，主要有如下五种形式。

1. 政府背景类旅游移动电子政务

政府人员借此类应用平台实现远程登录、移动办公，旅游者可以实现政务网站的随时访问，及时获取有关重大事件、突发事故等信息，重新规划和设计旅游行程。

2. 地方性旅游网站

地方性旅游网站以本地风光或本地旅游产品为主要推广内容。旅游者借助移动终端可以实时进行本地化旅游产品和服务信息的搜寻，或对本地化旅游产品和服务的质量进行反馈，以规范和提升旅游产业链的运营质量。

3. 旅游信息网站

旅游信息网站为旅游者提供大量丰富的、专业性旅游信息资源，以及少量的旅游预订中介服务，为旅游者的旅游决策和行程规划提供了必要的信息补充。

4. 网络内容服务商门户网站

这些网站几乎都不同程度地涉及了旅游内容，如新浪网生活空间的旅游频道、搜狐和网易的旅游栏目、中华网的旅游网站等。再如央视网旅游以统一信息源，多重覆盖中央电视台、央视网、国家网络电视台、手机网等媒体，为旅游者提供旅游最新、最热信息，使其共享旅游新体验，迅速成长为深受旅游者欢迎的平台。

5. 安全认证业务

安全认证业务对移动旅游电子商务活动起着支持作用，是移动旅游电子商务中的核心保障环节，确保了旅游者网上传递信息的保密性、完整性，以及网络交易的信息安全，保证了移动旅游电子商务交易中的信任关系，促进了移动旅游电子商务交易的顺利进行。

第三节　移动旅游电子商务平台的生态系统优化

一、移动旅游电子商务平台生态系统的内涵

移动旅游电子商务平台生态系统是依托电子商务平台，由其中的生态主体合作而架构起的一种较为复杂的生态系统。移动旅游电子商务平台生态系统与大自然的生态系统相比，有着共通性，在整个框架、生态系统的运行以及生态系统具备的功能等方面都具有很多的相似之处。移动旅游电子商务平台的主导者应当是平台的运营者，它架构起整个平台的操作框架，规范操作方式，拟定交易过程中的细则，将平台上的各个生态系统主体之间的关系恰当分配，协调各个交易主体之间的关系，以达到整个平台生态系统的平衡。移动旅游电子商务平台上的各个主体之间也是相辅相成的，它们相互影响，在平台上进行各种信息以及物质的交换，促使平台不断地良性循环，并进一步发展壮大。

二、移动旅游电子商务平台生态系统的特征

以智慧旅游为例，在智慧旅游电子商务平台的生态系统中，信息主要是围绕着用户来进行发布的，其中，旅游景点、旅行社、景点附近的酒店以及附近旅游商品等商家的入驻构成了完整的平台系统，在平台上将用旅游所需要的吃、

购、住、用、行、娱等一系列的信息进行整合，为用户打造全方位、多层次的服务平台。下面简要分析移动旅游电子商务平台生态系统的主要特征。

（一）协作共存

移动旅游电子商务平台的生态系统中的各个主体并非孤立存在的，也不是排列组合那么简单，它们是协作共存于整个生态系统之中的。因此，每一个主体都要对自身有一个准确的认知，要知道自己在这个生态系统中究竟是什么、究竟定位如何，彼此之间要经常性地交换意见，促进生态系统的良性循环。此外，由于彼此之间具有共存性，因此没有谁会投机取巧，它们会竭尽全力地构建更加完善的结构，相互依存，实现互利共赢。

（二）多元稳定

多元化主要是指，在平台上进行交易的各个主体繁多，交易类型多种多样，整个生态系统的物质交易、信息交换也是极为复杂，而移动电子商务平台生态系统就是为了能够促进各种交易与各个主体之间的平衡。因为平台上种类繁多的交易，各大主体之间的互动频繁，造成了平台系统的多元性和多样性。但是复杂并不会导致生态系统的崩盘，甚至生态系统能够保证平衡、维护稳定。与此同时，多样性还可以让生态系统保持警惕，不断更新技术和信息，优化自身的功能，促使生态系统代谢平稳，在不断的循环中提升自己的性能，促进平台的进一步发展。

（三）开放性强

移动旅游电子商务平台生态系统并不是一个简单的密闭系统，而是一个开放性很强的系统，需要时刻与外界保持密切的联系，整个系统的内部主体之间要进行长期的合作，与系统外部时常交换各种信息、物质、能量等，保证生态平衡，具备持久的活力。需要定期地吸收外界的人才、资金以及技术等，线上发展成熟之后也要保证线下的各种商品能够不断入驻生态系统中，尽可能地扩大用户的数量。

三、移动旅游电子商务平台生态系统的优化举措

移动旅游电子商务平台的主导力量是运营商，无论是购买的用户还是入驻

的销售商家，都是依托于主导的运营商而工作的，针对生态系统中的不同主体，应当运用不同的优化策略，但主要还是需要针对运营商进行优化，运营商的优化是保障平台生态系统平衡的关键。具体来说主要从以下方面进行优化。

（一）扩展电子商务平台生态系统的规模

移动旅游电子商务平台生态系统的规模巨大，并且相互配合能够形成规模效应，也是一个不同主体之间争取利益的多变市场。在这个系统中的不同主体之间，是相互协作的，只有一方主体实现自己的利益，达到一定的规模，才能够带动其他各个主体的积极参与，并且最终实现自己的经济利益或者其他利益。每一个主体力争最好地显现自己的价值，以有效地支持和调动其他主体的发展，进而强化整个系统之间的良性运转。现今是互联网广泛普及的时代，应当大力宣传，尽可能地利用网络来达到宣传的目的，以此来扩大移动电子商务平台的生态系统规模。对此，智慧旅游做了很好的尝试，平台的使用者包含用户、旅游商家以及管理者等，在管理上积极宣传，建立数据库，针对不同的用户制订不同的宣传方案和用户体验。该平台大力倡导不同的旅游服务商做好宣传，哪个旅游服务商带来的客户多，还会有着一定的奖励措施。给不同的销售商提供帮助和资源，力求争取到最多的游客和用户。

智慧旅游电子商务平台为生态系统的几大主体消费者、管理者以及相关的入驻企业提供帮助和宣传的平台，各个主体相辅相成通力合作，建成良性的循环系统，并不断扩大规模，为进一步发展助力。

（二）完善电子商务平台生态系统的内部循环

智慧旅游电子商务平台构建多种机制力求促进内部平台系统的有效循环。例如，实行各种信息和资源的实时共享，建立共享机制，并且尝试与其他的平台实现各种信息的共享，也能够利用其他的平台进行本平台的宣传。鉴于电子商务平台具有复杂性和多样性，因此在购买方和销售商之间可能会出现信息的滞后情况，销售方可能掌握着一些重要资源，而用户可能在信息上相对处于劣势地位，针对这种情况，智慧电子商务平台为了促使买方和卖方之间能实现平等交易，平衡双方之间的信息，保障用户的切身利益，建立了交易调节机制，加强内部生态系统的有效循环。

（三）保证电子商务生态系统的支付安全

移动旅游电子商务平台的线上交易主要是依托于第三方支付平台，进行一种生态系统的资金的循环。因此第三方支付平台就是充当买方和卖方之间资金往来的主要桥梁。第三方支付平台有权对买卖双方之间的信息进行审核，保证支付过程中的安全性，给双方带来保障。用户在进行购买的时候，资金不是直接进入到卖方的口袋中的，而是先放在第三方支付平台上，第三方支付平台在整个的买卖双方的交易过程中对资金的走向、循环以及监控等都起到无可替代的作用，因此在生态系统中，我们急需加强第三方支付的可靠性和可信度，也需要确保操作简单、便捷，保证整个流程的完整性，维护移动电子商务旅游平台的生态系统的安全。

（四）完善电子商务平台生态系统的外部环境

移动旅游电子商务平台生态系统的良性与有效发展需要稳定的外部环境来支持，尤其是需要政府和其他的金融组织的支持。政府需要加强宏观调控，创造出适合电子商务平台发展的市场环境，建立出适合发展的制度体系，加强管理和协调，规范市场准入机制，完善市场竞争体制，及时地调节各种矛盾。而各个生态系统的主体也应该大力响应政府的政策与号召。金融组织也应当发挥应有的作用，在不破坏原则的前提下给各个旅游电子商务平台提供融资的渠道，放宽金融政策，保证生态系统的主体不会出现资金链的危机。当然，新型的融资模式和服务模式越来越多元化，消费者可以信用分期付款，相关平台依据商务生态系统中的大数据对用户进行信用等级方面的评价，根据评价的结果对用户进行不同额度的批准。而金融机构也依据对不同的运营商的评价对其进行相应的融资服务，给双方的需求提供最大限度的保障，也为平台及其生态系统的进一步发展提供有效的支持与保障。

第四节　移动电子商务对旅游产业链的重构分析

移动旅游电子商务下旅游产业链的构建，需要突破过多着眼于旅游产业供给侧的视角，关注互联网背景下旅游者需求对旅游产业链主动性的影响机制，移动旅游电子商务在旅游产业链中的支配性、核心地位和作用,以及移动旅游电子商务环境下旅游产业链内容的创新和运作机制。

一、旅游产业链的特性

(一) 注重旅游者的参与

在移动旅游电子商务环境下,旅游者表达旅游需求、制定旅游行程、查询点评和攻略等信息对旅游产业链上的产品和服务的供需机制产生了巨大影响。在移动旅游电子商务环境下,旅游产业链需要重新界定和认识旅游者角色,关注旅游者在旅游产业链中的角色、地位和作用。

在移动旅游电子商务下,旅游者成为旅游产业链元素组合、产品和服务创新等价值创造的合作生产者,在旅游产业链运作中愈益凸显出积极的主动性作用。基于 UGC 技术不仅将旅游者需求的引导作用延伸到潜在旅游市场,而且激发了其他旅游者需求,实现了旅游者主导性作用从单向的内部服务过程向整个旅游产业链的蔓延,借助移动旅游电子商务中的社交、在线点评和虚拟旅游社区等平台在旅游产业链中发挥了重要作用。

(二) 突出信息交互

移动旅游电子商务突破了旅游的时空束缚,不仅更及时、更方便、更准确地传递旅游产品和服务信息,激发和提升了旅游者的个性化旅游需求,而且旅游产业链供给和需求主体间的实时信息交互,有利于针对性地为旅游者设计和开发旅游产品与服务,极大地改善了旅游者的体验,提升了旅游者满意度。

以移动旅游电子商务为核心的旅游产业链构建,需要分析和研究移动旅游电子商务下旅游产业链中的旅游产品与服务信息交互、旅游产品与服务传递、交易结算、质量评价等的内在规律,创新和改进旅游产业链供需双方合作生产关系,建立有效的协调和优化机制,提升旅游产品和服务质量,满足旅游者需要,提升旅游者满意度。

(三) 保证鲁棒性

所谓旅游产业链鲁棒性,是指旅游产业链抵御各种干扰及风险,保持旅游产业链结构的柔性和运作机制的稳定性,有效地为旅游者提供旅游产品或服务,实现旅游业可持续发展的能力。旅游产业链发展是一个国家或地区旅游产业不断演进的动态过程，移动旅游电子商务下的旅游产业链发展不能脱离旅游业的发展过程和趋势，既要考虑旅游产业的现状，又要反映旅游产业变化的特点。①

尤其是在移动旅游电子商务下，旅游者需求取向多元化以及旅游新潮的不断涌现，旅游产业链内容呈现出多元化发展的趋势，旅游产品和服务的多层次化、系列化成为旅游开发的必然趋势，涌现了大量的新兴的旅游产品，比如休闲高尔夫旅游、度假旅游、游艇旅游、自驾车旅游、温泉理疗游、帆船旅游、婚庆旅游、邮轮旅游、节会商务旅游等，这些新产品的出现和逐渐成熟提升了旅游产业的发展水平。并且，随着旅游者的不断成熟，传统的观光旅游产品已经不能完全满足旅游者的需求，一些新型的、对旅游资源依赖小的旅游产品逐渐成为旅游者新的选择，风俗节庆游、会展旅游、主题公园旅游、乡村旅游、工业旅游等产品拓展了旅游产业的范围，为旅游产业发展提供了更为多元的现实途径。

（四）实现整体最优

从旅游产业链的构成要素来看，在移动旅游电子商务环境下，旅游产业链逐渐延伸到为旅游者提供旅游产品或服务的一切商业和公共服务的要素，成为旅游产品和服务所有构成元素的集合。在移动旅游电子商务环境下，如何围绕旅游者需求形成协调、高效的旅游产业链供给网络，实现旅游产业链的整体最优化运作，满足旅游者复杂多变的旅游需求，是旅游产业链运作面临的关键问题。在移动旅游电子商务环境下，旅游产业链形成了以移动旅游电子商务为载体和中心的新型产业链供给体系，基于旅游者多元化和精细化需求，将旅游活动所涉及的产品与服务要素（包括有形商品和无形服务）有效地集成在一起，扩展了旅游产业边界，从旅游产业链业务流程上优化和改进了旅游产品与服务的生产组织模式，创新和重塑了旅游产业链主体间的分工与协作关系，提高了旅游产品或服务需求与供给系统的运作效率。一批新的旅游产业链外围主体逐步纳入节点网络，如网络与通信运营服务商、在线旅游支付结算金融部门、目的地提供旅游公共服务的部门（天气、交通、医疗等）、社会第三方专业服务机构（保险、急救等），形成了移动旅游电子商务环境下旅游产业链供给元素

---

① 彭熔．且行旅途万里路，游历山水存心间——旅游行业相关介绍［J］．求学，2022（2）：24-28．

和供给主体的创新和拓展。

二、旅游产业链的构成

一般来说，旅游者需求是移动旅游电子商务下旅游产业链的起点，满足旅游者对旅游产品或服务的需求是旅游产业链的最终目标。移动旅游电子商务在旅游产业链中发挥着核心组织者的作用，旅游产业链的发展伴随旅游企业与旅游者的价值双赢而不断成长。

具体来说，以移动旅游电子商务为核心的旅游产业链主要包括旅游者、旅游移动服务商、旅游产品和服务提供商、网络信息系统和电子支付结算系统等内容。

（一）旅游者

旅游者是旅游活动的主体，旅游需求与旅游消费的特点和变化是推动移动电子商务下旅游产业链发展的关键力量。旅游者既是移动电子商务的终端用户，也是旅游需求的发起者和旅游服务的接受者。移动电子商务下的旅游产业链从旅游者的需求开始，终止于旅游者的评价。旅游者借助移动电子商务对旅游信息进行识别、判断和处理，以自助方式随时随地地完成旅游消费。

在移动旅游电子商务下，旅游者成为旅游产业链的主体，而不再是旅游产业链供给主体进行决策的环境变量，旅游产业链运作要以创造全新的"旅游者价值"为目标，充分地考虑旅游者在旅游产业链中的主动性和主导性作用，实现旅游产业链上旅游产品和服务与旅游者需求的有效对接。

（二）旅游移动服务商

旅游移动服务商为移动旅游电子商务提供了技术支持，主要包括设施调试、旅游企业的上网接入、旅游企业的管理系统、中小旅游企业的平台租用、商务系统的方案设计和运行维护等。旅游移动服务商的技术支持，是移动旅游电子商务下旅游产业链运作的重要保障。

一般而言，旅游移动服务商可分为两类：一类是系统支持服务商，这类服务商为在技术方面为移动旅游电子商务系统的正常运作提供技术支撑；另一类是移动旅游电子商务平台运营商，这类供应商的主要功能是开发并运营移动旅游电子商务平台，为旅游产业链上的旅游供应商开展电子商务业务经营提供条件，在旅游产业链的供应商和旅游者之间搭建沟通及交易的平台与通道，合作促进移动旅游电子商务下旅游产业链的发展。同时，移动旅游电子商务为旅游者提供旅游产品和服务的集成与展示、预订支付、旅游信息整理与传播等服务，且对旅游产业链上的旅游产品和服务元素的供应与管理形成了良好的组织及整合能力。

（三）旅游产品和服务提供商

旅游产品和服务提供商以满足旅游者的需求为前提，通过移动旅游电子商务，根据旅游者的需求和行程安排为其提供各自所拥有的产品与服务，是旅游产业链顺利运作的供应保障。借助移动旅游电子商务，旅游产品和服务提供商成为直接面对旅游者的"线下"供给主体，其产品质量的好坏和服务水平的高低决定了旅游产品与服务的质量高低。

在移动旅游电子商务下，旅游产业链中的旅游产品和服务提供商，一方面是旅游直接供应商，比如交通运输、餐饮业、酒店业、景点景区等旅游企业；另一方面是旅游中间商，主要包括在线旅行社等移动旅游电子商务主体，该供给主体具有较强的聚合效应，为旅游者提供和展示了丰富可选的旅游产品与服务，是旅游产业链中的新型在线中间商。

在移动旅游电子商务下，旅游产业链中的产品和服务的碎片化与非标准化成为常态。传统旅行社把景点打包的捆绑销售方式无法满足旅游者这种碎片化的需求。打破原有产业边界，跨越行业界限，有效整合碎片化的产品，突出旅游者的个性化需求，赋予其与众不同的定位，是旅游产业链发展的关键维度。

（四）网络信息系统

旅游业是典型的信息依赖型产业，旅游信息传播渠道的畅通与否极大地影响着旅游业的发展。网络信息系统为旅游信息管理者提供信息发布平台，为旅游者提供及时获取旅游信息的渠道，在旅游产业链中的旅游产品和服务提供者与旅游者之间架起沟通的桥梁。

旅游产业链上的供给主体通过移动旅游电子商务平台发布产品信息以及完成在线交易，旅游者则借助移动终端查询、预订产品和服务，并进行网上支付。旅游网络信息系统为旅游产品和服务供应商与旅游者提供了全方位的信息交流及交易支持，有效地连接了旅游产业链上的各个市场参与者。

（五）电子支付结算系统

电子支付结算系统是旅游者和旅游产业链供给主体间的在线资金结算系统。由于支付方式不断创新，旅游者可以通过自助终端支付、电子钱包（会员账户）支付、移动网上支付、电话支付、手机支付（接触式和4G、5G移动支付）等多种渠道快捷地进行支付。

电子支付结算系统将旅游电子门票、佣金结算、财务管理、旅行社结算、导游结算等多个领域全面集成，为旅游景区、度假区、游乐场、动物园、植物园、影剧院等提供针对旅游团队、散客参观消费场所的综合性结算管理解决方案。数字证书、数字签名、加密技术、安全协议、认证技术等有效地保证了旅游移动电子支付安全的安全性能，同时整合优化了旅游企业和产业链的运作流程，保证了旅游产业链各个主体信息共享、业务协同，最终提高了旅游产业链的整体运作效率。

（六）其他辅助性主体

辅助性主体主要包括政府、社区、公众媒体、非营利组织等利益相关者，这些辅助性主体为移动旅游电子商务下旅游产业链的运作提供政策保障等支持性服务。移动旅游电子商务与旅游产业链的结合，需要政府和旅游行政管理部门从制度设计、环境优化、效率提升等多方面进行推动，切实保障移动旅游电子商务下旅游产业链的发展。

三、基于移动电子商务的旅游产业链重构

旅游产业是综合性的服务产业，大众旅游时代旅游需求的"泛化"与旅游产品和服务的"整合集成"需要旅游产业链内容的及时扩充与边界的即时拓展，以及不同供给主体之间信息的有效共享。鉴于此，共享信息能力和合作能力是移动旅游电子商务下旅游产业链能力与价值创造的关键性因素。移动旅游电子商务的普及和应用，不仅带来了旅游产品和服务信息获取的便利性，而且带来了旅游产品和服务信息源的无限增加，促进了旅游需求的密集性与复杂性。随着移动旅游电子商务对旅游业影响的不断深入，移动旅游电子商务对旅游产业链的再造，已成为不争的事实。研究者从多个角度分析了移动旅游电子商务对旅游产业链的影响，深入研究了旅游产业链的价值整合模式，以及旅游电子

商务对旅游产业链形态的影响,探索了信息技术发展造成的旅游者行为模式的转变及其对传统旅游产业链模式的挑战。

(一)突出旅游者的核心地位

百度、腾讯、携程、去哪儿、马蜂窝等与传统的旅行社一道,共同为旅游者提供了其旅行前决策所需要的海量信息,帮助其实现旅游需求。

从产业流程视角来看,在移动旅游电子商务下,旅游产业链缩短了提供者与旅游者之间的距离,旅游者及其需求成为旅游产业链的重心。旅游产业链逐渐演变为以"旅游者"为核心的自组织系统,并形成了具有鲁棒性的新结构与功能,引发了整个旅游产业链系统的结构更新与运行机制的再塑造。

在移动旅游电子商务下,旅游产业链拥有有效响应旅游者需求的具体过程和机制。传统旅游产业链多着眼于经济利益上的追求,忽视了旅游者的需求和合作价值,旅游者根据自己的消费偏好和经济实力选择既定的旅游产品与服务进行消费,处于旅游产业链的末端环节,是旅游产品和服务价值的被动接受者。随着科技的进步,特别是移动通信、互联网及其终端设备的更新换代,旅游目的地、旅游供应商、旅游代理商与旅游者之间的信息不对称性越来越低,降低了旅游者关于旅游产品和服务、旅游目的地等的信息获取成本,以及对导游、领队等专业人员服务的获取和使用方式,改变了旅游产业链结构,创新了旅游产业链运作方式。

(二)重构与创新导游平台产业链

1. 基于移动旅游电子商务导游平台的产业利益链重构

在移动互联网的普及率不断提高的大背景下,借助旅游供应商和旅游者之间的信息不对称,从而获取佣金的传统旅游商业模式已经发生了根本的改变。例如导游业务和移动旅游电子商务的结合,一方面将使旅行社与导游之间的关系重构,使导游可以直接面对旅游者展开旅游咨询并提供定制化导游服务,使导游业务走向专业化、定制化。此外,借助旅游者评价和行业内部评价等建立起来的导游服务质量评价和导游人员信用体系,促使导游不断提高自身的业务素质和服务技能,为旅游者提供优质服务,为导游的职业发展提供更广阔的空间,建立新的导游薪酬体系,使导游的薪酬与其服务质量相对应。

具体来说,新的导游平台制作、发布导游相关的各种信息,并使游客可以对导游的服务进行评价。移动旅游电子商务导游平台可以帮助旅游者获取导游信息，聘请导游为其提供导游服务；导游平台的评价功能使旅游者可以根据自身获得的导游服务的实际情况和满意程度对导游的服务做出评价。以旅游者对导游进行评价的大量数据为基础，对导游人员进行分级，提供与之相应的导游服务价格，形成以导游服务质量为主要绩效考核标准的导游薪酬体系，打通导游职业发展、收入逐级上升的通道。对于旅行社来说，可以通过移动旅游电子商务导游平台获取海量的社会导游信息，为其旅游旺季聘请导游提供便利，解决旅游旺季导游人员不足的问题。

移动旅游电子商务导游平台集旅行社、导游、旅游者等需求于一体，发挥联系和交易担保的功能，形成标准的导游服务体系，并通过职业生涯规划、相关业务培训和指导、导游沙龙等多种方式提升导游人员的专业素养，维护导游人员的合法利益，把对导游人员的管理打造成我国旅游行业管理体系的亮点。

2. 基于移动旅游电子商务的导游服务平台模式创新

基于移动旅游电子商务的导游服务平台，可以通过制度的设计，重构导游在旅游产业链中的地位，构建导游人员可持续发展的导游生态链，化解当前导游人员发展和管理中面临的一系列问题，构建有利于导游职业发展的商业模式和有效机制。

其一，通过移动旅游电子商务导游服务平台的构建，打破导游对旅行社的高度依赖，使导游成为旅游服务供给体系的核心。旅行社与导游以及旅游者之间的关系得以重构，导游将可能越过旅行社直接为旅游者提供服务，并通过服务质量的提升获得发展空间和职业上升通道。

其二，移动旅游电子商务导游平台通过"服务、管理、评价"的分离实现导游行业的长足发展。行业协会和政府部门负责导游的资格管理，导游为旅游者提供线下服务，旅游者或旅行社通过导游平台实现对导游的聘用、服务后的评价，多方协作建立健康的、全方位的导游监督管理机制。根据旅游行政管理部门和旅游者的评价，建立符合导游真实服务质量和水平的分级评价体系，设立与之匹配的薪酬管理体制，调动导游服务的积极性，为旅游者提供高质量的服务，建立导游职业发展的良性循环机制。

其三，借助移动旅游电子商务导游平台，建立关于导游服务第三方信息披露机制，使旅游者真正成为导游服务的主体。为旅游者的维权开设新通道，加大对导游服务质量和水平的监控，使旅游者享受高质量的导游服务，形成美好的旅游体验。将旅游者和旅行社对导游服务的事后评价和导游的绩效考核联系起来，实现旅游者和旅行社的评价与导游人员的等级评定及考核挂钩，使导游自觉提高服务水平和服务专业化程度。

(三) 构建旅游信息公共服务平台

在旅游信息公共服务平台建设中，我国以导游人员的监督和管理作为突破口。2016年8月24日，原国家旅游局下发了《导游自由执业试点工作中期评估报告》和《关于深化导游体制改革加强导游队伍建设的意见》，并启动了全国导游公共服务监管平台。探索导游管理的新方法、新途径，需要借助移动旅游电子商务平台，提升导游服务质量，维护导游合法权益，建立导游服务质量社会评价体系，推进导游体制改革和创新。

1. 建立导游信息库

依托移动旅游电子商务平台，收集导游信息，建立导游信息库。比如，在导游人员标识卡上面印上导游专有的二维码，作为识别导游唯一的电子名片信息，实现导游"一对一"服务，为旅游者提供品质化、个性化服务，为旅游者使用导游服务提供网上操作路径，完善导游预约、线路推荐、在线支付、服务评价等服务功能。

2. 建立预约系统，实行分级管理

吸纳符合条件的导游加入平台，不断提高平台的人员质量，通过移动旅游电子商务平台的旅游者评价功能，评选出"金牌""银牌"等品牌导游。采用分类管理方法，提升导游队伍整体形象，达到"平台有人用、用完有人评"的目的。引导制定合理的导游服务费收取机制和收取标准，完善旅游者对导游服务的评价机制，发挥市场评价对导游服务质量监督和调节的积极作用。

3. 建立导游公共服务监管和保障平台

(1) 在导游人员的监督管理方面。

第一，制定相关的从业标准，规范自由执业行为。建立严格的旅游从业人员信用管理方面的规章制度，对导游、领队人员及旅游者的违规违约、失信行为给予警示和向社会全面曝光，实现旅游行业监督管理的公开、公正和透明。

第二，建立导游人员档案管理、开展导游诚信评定。帮助旅游者实现并为广大旅游者对提供导游服务的从业人员的信誉度进行查询，尤其是通过手机等移动终端随时随地查询旅游从业人员的诚信情况。通过导游人员的诚信评定，可以增强旅游服务人员的诚信度，推动旅游产业的健康发展。

第三，开发适当的险种，鼓励保险企业积极与导游人员的市场需求对接，推出导游自由执业责任险等针对性强的险种，化解导游自由执业中的带团风险，保障导游和旅游者的合法权益。在导游自由执业提供导游服务期间，要通过契约的形式明确服务期间发生特定问题时，各方需要承担的责任，为保护导游人员的合法权益提供有效的保障。

（2）建立高效的运作机制。导游自由执业给导游人员的市场监管方面和应急处理突发问题两个方面带来了严峻的考验，建立诸如"调解+仲裁+行政执法+司法诉讼"的市场监管联合处理机制，及时处理导游服务过程中的各种纠纷，严厉打击侵害旅游者合法权益的行为，对于违反相关导游管理法律法规、不诚信的导游人员制定严格的惩罚措施，构建有效的导游退出和惩戒机制，净化旅游市场环境，提升旅游产业链运作质量。

总之，依托移动旅游电子商务平台开展线上自由执业，导游不再必须挂靠于旅行社，导游服务将成为旅游产业链上的关键因素，自主选择线上或线下平台，明码标价，被旅游者所选择和购买。就旅游者来说，旅游者借助移动旅游电子商务能够"网约"导游，把导游的选择权归还给了旅游者，可以从根本上解决导游市场透明度不高、欺诈现象严重的问题，同时，让导游工作回归其讲解、引导服务的本真，由此形成良性循环，激发旅游市场活力。

（四）基于信息共享的旅游产业供应链信息资源整合

21世纪是信息化时代，随着互联网信息技术的发展，信息化建设和应用成为企业竞争与生存的重要组成部分。今天，随着人们生活水平的提高，越来越多的人在业余时间开始关注户外活动。旅游和休闲在一定程度上会成为人们的基本需求之一。现代旅游业在传统旅游产业吃、住、行、游、购、娱中，也出现了健康、休闲、体力三个方面的新内涵。旅游产业供应链逐步形成，且呈有序增长之势，主体双向一体化程度加深，逐步实现了多产业、多增长点整合的发展趋势。正是因为这两者之间具有较强的综合性和针对性，整合和传播其信息资源的供应链主体已变得非常关键。旅游业是一个信息密集型行业。旅游公共管理部门、旅游者、旅行社、旅游目的地等各种主体都需要协调一些信息内容。信息不对称的出现是不可避免的，也就是在合作双方之间的沟通过程中，信息是不充分、不对等的，例如旅游企业掌握着大量的相关信息，而旅游者由于渠道问题只能获得少量信息，最终造成信息获取不充分，甚至交易的失败。

1. 旅游产业供应链信息传递现状

在旅游产业链中，由于专业背景、地域、地位、自身利益等多方面的原因，上下游企业对信息的共享和传递存在误差。旅游组织方与所有参与者连接，其信息来源广泛，掌握大量核心信息，而信息传输链两端的旅游目的地和旅游者都处于劣势。旅游目的地对景区环境、运营状况和当地市场状况等信息更加熟悉，但他们无法完全掌握旅游市场的总体发展趋势、市场条件和旅游客源，因而不得不依赖旅游组织方。另外，由于旅游产品的无形性和异质性，也会使旅游者难以在早期准确获取旅游服务质量的相关信息。

2. 优化旅游产业供应链资源整合的路径

（1）重构旅游产业供应链的基本结构。其一，旅游产业供应链设计者应从跨地区旅游产业结构的角度整合旅游产业供应链系统资源。旅游产业行业协会应与当地旅游管理部门携手合作，打破行政边界界限，打造旅游产业链，支撑和促进区域经济发展。具体而言，当地旅游行业协会应鼓励当地景区和旅游企业与周边景区和旅游企业进行合作交流，在各地共享基础旅游资源的基础上开发跨区域旅游线路，实现跨区域旅游系统规划和整体发展。这就要求参与者要在各地区和企业中减少自身的产业壁垒，促进旅游、娱乐、餐饮、住宿、购物、交通等旅游产业资源的科学、高效转移。

其二，旅游行业供应链设计者需要从单纯开放产业链的角度入手，整合旅游行业供应链系统资源。旅游产业供应链设计者需要从跨区域、跨部门、跨所有制的角度设计具有区域经济驱动优势的大型旅游企业集团，使得当地分散的旅游资源可以融入现代旅游企业组织体系。旅游行业协会也应积极鼓励各类旅游企业携手合作，整合公司优势资源，形成具有综合竞争优势的旅游产业战略联盟，力争打造区域领先的旅游产业集团。

（2）集聚旅游产业供应链的服务资源。其一，旅游产业供应链设计者应该运用现代信息技术整合旅游服务。其二，旅游行业供应链体系成员要积极推动各公司客户资源整合。

（3）整合旅游产业供应链的信息资源。其一，逐步提高旅游产业供应链信息共享能力。其二，旅游业供应链体系应重视信息共享中的信息安全控制问题。

第七章　移动电子商务在游戏领域的应用

以移动互联网技术为基础，传统的手机单机游戏可以做到互联互通，这会大大提高手机游戏的趣味性。通过移动电子商务在游戏领域的应用，游戏的画质得到提升，功能得到增加，速度得到加强，形成了独具特色的移动游戏市场，这使得移动电子商务的应用取得了进一步的市场认可和经济成果。本章将从移动游戏概述、商业模式分析、发展中存在的问题与建议三方面对移动电子商务在游戏领域的应用进行阐述。

第一节　移动游戏概述

一、移动游戏的概念

移动游戏一般是指将移动终端与移动产品相结合，为消费者提供方便、易携带的游戏服务支持。[①] 根据移动终端的类型，可以将移动游戏分为广义和狭义两种。广义的移动游戏泛指通过移动终端设备而进行的可移动的、实时的游戏娱乐活动。狭义的移动游戏特指通过移动通信网络，利用移动终端，在任何时间和任何地点进行的游戏，这里的移动终端特指智能手机。

二、移动游戏的分类

移动游戏是随着移动通信技术进步逐步成长的，既受益于终端产品性能的提高，也有赖于网络技术的发展。总的来说，移动游戏按时间和旅游的复杂度及可玩性可以分为嵌入式游戏、短信游戏、程序平台游戏以及智能游戏等类型，

---

① 张其金．开创移动互联网新商机［M］．北京：中国商业出版社，2017：187．

如图 7-1 所示。

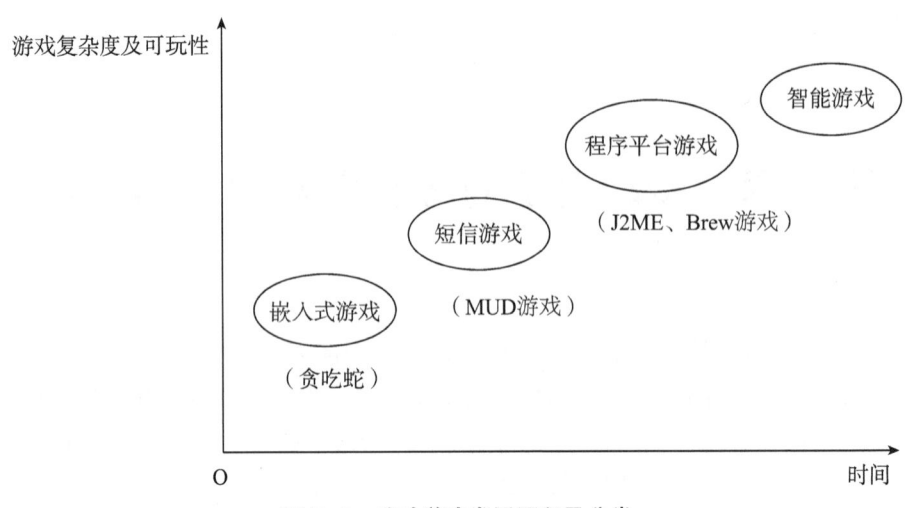

图 7-1 移动游戏发展历程及分类

（一）嵌入式游戏

嵌入式游戏主要是指早期手机中自带的游戏，比如 1997 年诺基亚系列中的贪吃蛇游戏（如图 7-2）等。这类游戏的出现促进了手机游戏市场的诞生，为人们在享受移动通信服务的过程中增添了新的体验。更为重要的是，嵌入式游戏的成功使运营商相信手机游戏确实具有强劲的发展潜力，开始重视手机游戏市场的开发。但是嵌入式游戏也具有明显的缺陷，就是游戏内容单一，无法进行更新，难以为用户带来新体验。

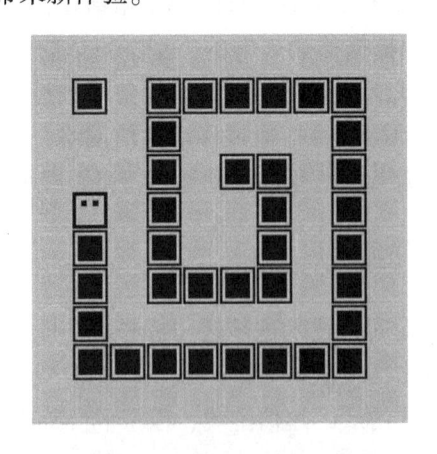

图 7-2 "贪吃蛇"游戏界面

（二）短信游戏

短信业务市场的火爆让运营商和互联网服务提供商看到了新的曙光。就像早期的网络游戏一样，文字 MUD（Multiple Users Domain，多用户虚拟空间游戏）充当了早期的市场开拓者。随着网络的进步，多媒体短信游戏、短信猜谜机智问答等游戏形式迅速进入短信游戏市场。尽管短信游戏的实时性较差，但其实现了用户与游戏的互动，也让用户更加习惯于使用手机来进行游戏娱乐。但是由于短信游戏知识通过文字内容互动来进行，其吸引力主要来源于游戏内容本身，不足之处在于游戏画面过于简单，缺乏视觉吸引力。

（三）程序平台游戏

市场中的程序平台游戏主要包括 J2ME 和 Brew 技术支持的游戏。J2ME 是基于 K-java 程序语言开发的手机游戏，在支持 K-java 的手机上都可以顺利运行，有着较强的交互娱乐性，并支持任意下载和删除，图 7-3 为某此类游戏的界面。Brew 也是一种程序开发语言，Brew 游戏可以在支持 Brew 语言的手机上任意下载运行。程序平台可以实现游戏下载，容易吸引用户的注意力，还有利于实现移动数据计费，已经成为目前市场中的主流移动游戏形式。J2ME 由于有着比 Brew 更加开放的技术规范，在手机中的应用也明显多于 Brew，J2ME 功能已经基本成为新上市手机的标准配备。

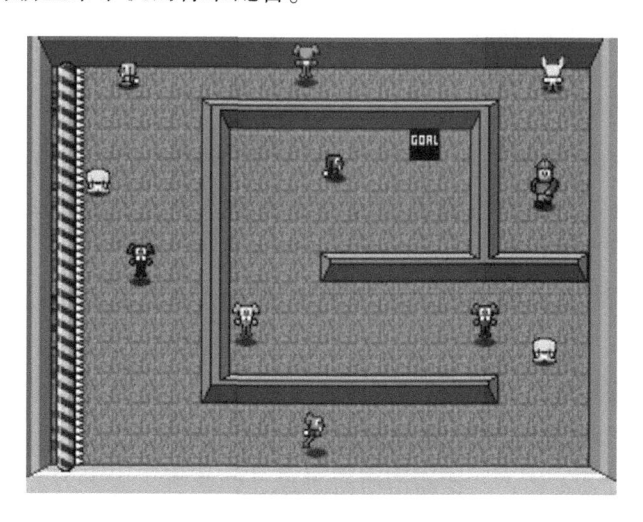

图 7-3 经典 J2ME 游戏界面

（四）智能游戏

随着技术的进步，包括运算能力更强的手机芯片的出现、内存容量的扩充、网络传输速度的提高等，移动游戏正在向着大型化、网络化方向发展，出现了智能游戏。该类游戏伴随着 2008 年 iPhone 诞生开启触屏潮流而产生，不仅革新了用户操作手机的体验，而且也使手游脱离了物理键盘的局限，有了除"上下左右"之外的新玩法，极大丰富了移动游戏市场的发展。图 7-4 所示为"愤怒的小鸟"游戏界面。

图 7-4　"愤怒的小鸟"游戏界面

三、移动游戏的特点

我国游戏市场的收入主要分为四大来源，分别是客户端游戏、移动游戏、网页游戏、社交游戏。目前，移动游戏取代网页游戏，崛起为第二大游戏市场，创历史新高，甚至有不断超过 PC 端成为网络游戏第一大入口的趋势。[1]

四大因素促使我国移动游戏市场迎来全面爆发。

第一，便携性。和游戏控制台或者 PC 相比，手机可以保证人们随时随地沉浸在自己喜欢的游戏中。这样，移动游戏很可能成为人们消遣时间的首选。

第二，网络环境改善使得手机等移动终端能够随时随地与移动网络以及通过移动通信网络和其他终端保持着联络。

第三，大批资本涌入。智能手机渗透率大幅提升、移动互联网用户数快速

---

[1] 宫承波. 新媒体概论［M］. 8 版. 北京：中国广播电视出版社，2020：272.

上升、玩家付费意愿增强和收入的上升，促使传统行业资本大量流入手机游戏行业，手机游戏创业者融资渠道拓宽，使得手游行业的快速扩容，手游公司的数量大幅增加，移动游戏发展遇到更多新机遇。

第四，政策扶持。国家对于游戏的审批效率、扶持力度、版权维护进一步增加，为各企业发展移动游戏等业务建立了信心。例如，国家在上海、福建等地加强了"国产网络游戏属地管理试点工作"，为提高游戏企业出品效率创造条件。为了更有效地推动移动游戏等细分市场发展，自贸区、国家动漫游戏产业基地以及各地园区升级配套优惠政策和服务项目，集中国家、地方的优势资源，以移动游戏发展契机为重要突破口，拉动区域及本地第三产业发展。有分析指出，在第三产业比重持续上升，金融业、信息传输、软件业和现代服务业继续保持领先增长的大背景下，移动游戏等为代表的游戏产业依然占据数字出版业"火车头"的地位，市场潜力巨大。

四、移动游戏的产业链构成

移动游戏产业属于创意产业，创意转化为产品满足用户的需求，进而转化为财富。移动游戏的产业链构成如图7-5所示，由六个环节构成：移动终端设备商、移动游戏开发商、移动游戏独立运营商/平台运营商、移动网络运营商和用户。[1]

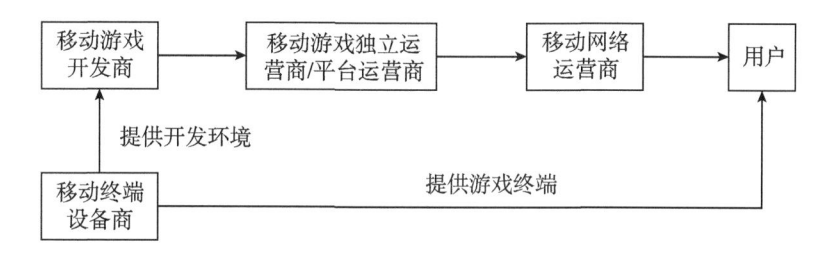

图7-5 移动游戏产业链构成

移动终端设备商，就是生产移动终端设备的厂商。目前的终端可以分为三大类：掌上游戏机、智能手机和平板电脑。智能手机的操作系统主要有两大类：苹果的iOS系统和谷歌的Android系统。

移动游戏开发商，主要负责手机游戏的开发，进入门槛较低，游戏程序更新频率高。全球著名的手机游戏开发商有Rivio、PopCap、Gameloft、ZeptoLab、

---

[1] 戴建华. 中国影视新媒体发展创新研究[M]. 北京：中国传媒大学出版社，2014：152.

迪士尼等。

移动游戏独立运营商，主要负责自主设计开发游戏产品，组织策划营销吸引用户使用产品并付费，进而盈利。在整个过程中，独立游戏运营商负责产品的设计、研发、升级、营销等所有运营管理工作。

移动游戏平台运营商，也是产业链中不可缺少的一环，和游戏开发商合作运营游戏产品。代表性的公司有腾讯、当乐网等。移动游戏平台运营商负责游戏的营销推广，拥有大量的用户群。随着产业的发展，移动游戏独立运营商与移动游戏平台运营商之间的界限逐渐模糊，从事游戏运营平台的平台运营商也逐渐涉入游戏研发行列。

移动网络运营商，是进行移动网络运营和提供服务的实体。移动网络运营商不仅需要从网络角度知道网络运行状况，还需要从服务角度知道网络运行状况。此外，它们需要在提供多媒体服务并在应用时有效利用网络资源。我国的三大移动网络运营商分别是中国移动、中国联通和中国电信。

在移动游戏市场，游戏的推广渠道主要是通过移动游戏产业链中的操作系统开发商、移动网络运营商、移动终端制造商、第三方应用商店以及主要的互联网公司等。通过对这些渠道特点的分析，总结出其在直接面向用户，为游戏产品导入用户和流量方面的优缺点如表7-1所示。

表7-1 手机游戏渠道分析

渠道	代表性企业	分析
操作系统开发商	Apple、Google等	优点：技术能力优秀，用户资源丰富
		缺点：游戏非唯一业务
移动终端制造商	中兴、小米、三星等	优点：占据终端优势
		缺点：缺乏游戏基因
第三方应用商店	91助手、豌豆尖等	优点：优秀产品易集中，服务好，有一定用户资源
		缺点：没有占据终端资源
互联网公司	腾讯、360、网易等	优点：渠道、品牌、流量和用户资源
		缺点：非唯一业务，没有占据终端资源
移动网络运营商	中国移动、中国联通等	优点：便捷的支付系统，大量的用户群体，丰富的移动运营经验
		缺点：无网络游戏开发和运营经验，对消费者需求不敏感

第二节 移动游戏的商业模式分析

一、免费商业模式

(一) 免费商业模式现状

移动游戏的免费商业模式更像是互联网媒体的运作模式，用户阅读内容免费，但是商家投放广告收费。免费手机游戏是一个通过游戏作为聚合用户的载体，通过内嵌广告、内嵌下载链接实现收益的商业模式，也是最典型的互联网商业模式。[①] 这种商业模式较为简单，但是却受制于互联网每点击成本（Cost Per Click，CPC）向每次行动成本（Cost Per Action，CPA）、按销售付费（Cost Per Sales，CPS）模式的转化，免费手机游戏的实际收益正在极大地缩减。在网络爆炸的时代，只要有流量就能获得高额的广告投放回报，但目前的网络广告投放已经趋于理性化，更注重于通过投放效果进行付费的模式。如果只是单纯的 CPC 模式，那么免费游戏的日子可能会好过很多，因为有太多的办法可以让用户去点击广告之后再继续进行游戏。虽说会影响游戏整体的感知效果，产生一些负面的影响，但是这些方法却可以保证游戏的点击广告收益。然而，CPA、CPS 模式的出现，需要用户不仅完成一次点击，还要完成注册或者激活，甚至要完成一次消费，这就让游戏与用户的推广互动变得更加困难。既想要拿到收益，又不能破坏游戏体验损失用户，就渐渐形成了愿者上钩的推广现状。

免费手机游戏的商业模式比较适合于小规模的开发公司或者个人，很多专业的广告联盟可以解决内嵌广告的签约和收益问题。只要在游戏内嵌入代码，就可以简单地实现广告的投放。但是，由于广告联盟处在合作的上游，掌握核心的客户资源，在合作中会有一定的分成，所以游戏能够产生的收益会进一步地缩减。

---

① 杨文健. 信息技术发展与用户行为 [M]. 上海：同济大学出版社，2020：69.

（二）免费商业模式优劣势分析

1. 劣势

免费手机游戏应该是手机游戏公司最先采取的商业模式之一，具有运作机制简单、收益模式单一等特点，即便是现在也并没有淘汰，而仍然被很多手机游戏所采用。根据对大量免费游戏案例的分析，免费商业模式有以下三项劣势。

一是投资回报时间较长，资金回收慢。一款免费的手机游戏在推广之初会遇到很多的问题，当游戏开始被下载，逐步产生并积累用户的时候，游戏还不能给公司或投资者带来收益。当游戏推广了一段时间，积累了足够大的用户群体时，游戏本身的附加值效益才开始显现。这时才会有广告商找上门，才能够获得收益。而从发行到获得收益的时间段是不受控制的，会受制于多方面的影响，包括市场反应、推广时机等，这往往会是一个相当漫长的过程。如果遭遇"生不逢时"的情况，那很可能出现一款优秀的游戏作品却得不到收益的窘境。与手机游戏爆发式增长对比鲜明的是，每天都有大量的手机游戏产品面临淘汰。

二是加大收入和做好游戏成了一个矛盾体。基于市场的反应时间和广告的投放收益，总是不能达到高效的契合，提升游戏体验和增加用户点击广告总是会成为对立的矛盾关系：游戏要好玩、要流畅就不能加入太多的广告，而想要提升用户点击广告的收益就要用各种方式，而不能仅仅局限于单纯的展示。举个例子来说，在游戏屏幕的下方增加一个显示面积不大的广告条，是比较普遍也是比较低效的投放方式，往往是"姜太公钓鱼——愿者上钩"。而把广告的点击动作嵌入游戏流程，比如想要进入到下一个环节就必须要点击广告之后才能继续，这样虽然大大提高了广告的点击效率，但是游戏的可玩性却会大打折扣，相信有很多用户会愤怒地卸载。同时，这样的做法也很难被广告投放者认可。

三是受到盗版的威胁非常严重。有很大一部分免费手机游戏在运行的过程中，不需要与服务器进行数据互动，也就是说，基本可以在没有网络连接的环境中运行。这就促使很多组织和个人对游戏程序进行修改，使其不用通过软件商店购买，只需要从互联网上下载一个安装程序即可运行。如果手机上有相当一部分软件都是通过非官方、非认证的渠道下载和安装的，使用这些程序可能会造成相当大的损失。比如，有的手机游戏程序被篡改了广告联盟商，那么用户点击这种手机游戏内置广告所产生的收益将给篡改者带来收入，游戏公司则会因此损失收入。又比如，有的手机游戏程序被嵌入了恶意程序，这个恶意程序可能会对使用者造成不同程度的损失，这就会给游戏公司带来非常不利的负面影响。

2. 优势

免费商业模式也有诸多优势。

一是适宜国情、利于推广。免费手机游戏不需要支付任何费用即可获得全部的游戏内容，这使其在推广时具有得天独厚的优势。众所周知，我国对软件产品的版权保护还有很长的一段路要走，很多使用者缺乏版权意识，长期使用盗版软件。从开始有盗版软件至今，我国的软件收费之路总是比较辛苦。因此，免费的模式就更加适用于我国的手机游戏市场。

二是渠道转载无须版权。互联网上有很多非营利性质的手机游戏下载网站，有些是具有官方性质的，而更多的是非官方或者是个人的网站。这些网站为了丰富其下载内容，吸引流量，可以转载免费手机游戏进行下载，而无须游戏开发公司进行授权。这就大大降低了免费手机游戏的传播门槛，用户可以通过各种方式、各种网站获得并安装免费手机游戏。只是相应地也会带来不良影响，如可能会下载到被恶意篡改过的程序。

二、付费下载商业模式

（一）付费下载商业模式现状

手机游戏的付费下载商业模式即用户通过软件商店下载手机游戏程序的时候，需要交纳相应的使用费用。[①] 付费下载的手机游戏，通常会依托于软件商店进行收费，比如苹果的 App Store、Google Play 等，如图 7-6 所示。软件商店通常会内置在手机操作系统里，同时商店具备完善的支付和分成机制，软件开发者获得准入许可后，即可按照规则上传程序，只要获得下载收益即可按照约定的比例实现分成收入。一般情况下，购买手机游戏有两种形式，一种是下载时付费，之后永久免费使用，另一种是免费下载试用版，然后再付费升级为正式版。通过手机游戏内购获得全部游戏内容方式在这里将其划定为游戏内购的商业模式。

---

① 杨文健. 信息技术发展与用户行为 [M]. 上海：同济大学出版社，2020：69.

付费下载模式的手机游戏，通常在游戏性方面会优于免费下载模式，同时开发成本也会高于免费下载模式。这类游戏也通常为口碑较好的游戏公司开发，用户对其内容质量认可，所以愿意付费购买其游戏版权。

图 7-6 苹果 App Store 付费下载游戏界面

（二）付费下载商业模式优劣势分析

手机游戏的付费下载商业模式是图书、音像、软件等普遍采用的销售模式，购买者通过付费，一次性获得全部内容版权。这种商业模式在多年来得到大众的广泛认可，是最容易接受的消费习惯。但是，在互联网和移动互联网爆炸的今天，更多人已经逐渐形成了体验式的消费习惯。"想让我买单，就先让我试试看"这也是造成付费下载的收益占比很低的主要原因。那么，手机游戏付费商业模式都有哪些劣势和优势呢？

1. 劣势

一是"新人、新作"难以生存。也就是说人们需要花了钱之后才能够知道购买的书籍内容好不好看、歌曲好不好听、游戏好不好玩,所以消费者在选择时会更热衷于购买名作家、好歌手、大公司出品的书籍、歌曲和游戏。这就催生了两极分化的现状——越有名气的游戏作品就会越畅销,而"新人、新作"往往很难在这个已经形成的气候中生存。显然,付费下载的商业模式不适合手机游戏的新公司、新作品进行推广。

二是发行推广需要耗费大量费用。即便是大公司的游戏大作,在软件商店中想要获得一席之地,还是要付出非常高昂的推广费用。而且想要维持一个靠前的排名,则同样需要持续的投入推广费用。这些推广费用除了要广告宣传等发行费用之外,更多的推广渠道拿走了下载分成。移动互联网最火的是手机游戏,手机游戏行业最热的是发行。美国艺电公司子公司 Chillingo 曾一手捧红"愤怒的小鸟""割绳子"等多款手机游戏,成为发行商中的翘楚,也带给手机游戏发行后来者们足够的信心。对于手机游戏开发者来说,渠道、营销成本都在水涨船高。

三是下载渠道比较单一不利于扩散。手机游戏从平台上来区分,苹果的 iOS 和 Andriod 形成两大阵营,其下载渠道有着非常大的区别。苹果 iOS 因为其平台较为封闭,只有通过 iPhone 手机内置的 App Store 进行游戏软件的下载。而 Andriod 平台本身就是一个基于 Linux 的自由及开放源代码的操作系统,所以其下载方式和软件商店也是多种多样的。从表面来看,下载渠道的多元化似乎对于手机游戏的推广是一件好事。但正是由于这种"开放",滋生出太多的盗版,使得手机游戏公司 Andriod 平台上的付费下载变得举步维艰。而相反,苹果 iOS 却可以极大地保护开发者的利益,虽说自从 iOS 和 App Store 诞生以来,就一直没停歇地在与"越狱"抗争,但是 iPhone 使用群体仍在一定程度上保证了下载付费的收益。

四是极易受到盗版威胁。如上文所述,一款付费手机游戏免不了受到盗版的侵扰。

2. 优势

相比这些劣势,付费下载模式的优势就变得尤为突出和明显了。

一是产生收益快,相对比免费模式,付费下载模式最大的特点就是产生收益快,只要手机游戏在市场中上架出售,产生下载量,游戏公司马上就可以获得收益。同时,不必像实体软件发行那样向销售渠道铺货的过程,也不用担心制作拷贝的成本问题。

二是官方渠道下载安全可靠。例如，通过苹果 App Store 和 Google Play 下载的手机游戏程序，一定是经过官方验证的版本，使用者不会受到恶意篡改的影响，使用过程安全放心。同时，苹果 App Store 和 Google Play 的支付过程也相对安全，不会对网上账户造成安全威胁。如果使用者有付费下载的意向，一定会选择官方渠道进行下载，能够极大地保护自身利益。

三是官方渠道推广手段丰富。例如，苹果 App Store 和 Google Play 本身就是一个电子商务平台，任何组织和个人的开发作品，在苹果 App Store 和 Google Play 中都是以一件商品存在的。平台能够提供丰富的推广手段，比如官方的推荐、下载的排名等。在这些推广手段中，有能够通过支付一定的推广费用就可以使用的，也有些是需要游戏本身有一定量的下载数据才能使用的。

三、包月收费商业模式

（一）包月收费商业模式现状

手机游戏的包月收费商业模式就是用户通过交纳月使用费或者购买游戏点卡（游戏虚拟货币）来支付使用费用。通常包月收费商业模式的手机游戏产品，都是与电信运营商进行合作，通过话费托收的方式进行收费。这种体验方式较为灵活，也是被多数网络游戏普遍使用的商业模式。与付费下载不同的是，用户可以在不想继续使用的时候，停止支付费用。手机游戏公司如果自己发行点卡（虚拟货币），也需要建立一定的销售渠道，对于手机游戏这种生命周期比较短的游戏产品来说，这显然是不明智的。所以，很多公司选择了与电信运营商进行合作，由电信运营商作为收费的渠道。而且，目前我国的三大电信运营商，都各自建立了全国集中的手机游戏产品运营基地，也建立了非常完善的合作机制。手机游戏公司只要与游戏基地一点接入，即可实现全国范围内的话费托收。这就实现了快速上线、快速收益，尽量缩短收益回收期。但包月收费的商业模式一般盛行于3G、4G移动网络的时候，在当前5G移动网络的背景下与运营商合作进行包月收费的商业模式已经日渐衰微。

（二）包月收费商业模式优劣势分析

1. 优势

与其他的商业模式相比，包月收费的商业模式有其优势也同样有一定的劣势。

从其优势来讲，主要有以下三点。

一是与电信运营商合作推广。电信运营商普遍都建立自己的全国集中游戏基地，中国移动有"江苏移动游戏基地"和"M"，中国电信叫作"爱游戏"，中国联通叫作"沃游戏"。这三大游戏基地基本采用相似的方式运营。因为运营商具有得天独厚的终端优势，例如可以在自己的定制终端机里预装一定量的软件程序，其中就有三大运营商各自的"游戏商店"。已经占据了手机屏幕的"游戏商店"就成为手机游戏下载和推广的绝佳手段。同时，运营商为了能够在手机游戏市场也分得一杯羹，普遍制定了较为便捷的合作模式，提供通用的合作模板。手机游戏公司可以实现一点接入，全国计费上线。这就使得手机游戏的快速推广成为可能。

二是话费托收便捷。包月收费的手机游戏产品，通常会采用话费托收的方式进行收费。在运营商方面的具体实现流程为，用户下载手机游戏产品后，确认自己的手机号码后交费。同一时刻，在电信运营商的计费系统上会给该号码定制一项收费业务，会自动按照收费规则在用户的账户余额中扣除。扣除后的收益，电信运营商会按照原约定的分成比例，将手机游戏公司应得部分进行结算，手机游戏公司即可获得收益。

三是手机用户规模巨大。手机游戏本就是依托于手机而存在的，而手机用户又全部掌握在三大运营商手中，所以手机游戏公司与运营商的合作就成了一件顺理成章的事情。因为巨大的用户群体，电信运营商可以与每一个用户实现销售触点，这对于手机游戏来说，市场和用户很庞大，缺少的只是怎样与运营商合作，怎样去营销推广而已。

2. 劣势

与运营商的合作看似能给手机游戏带来巨大的收益，但就现状而言，这种商业模式也存在诸多问题。

一是话费托收有一定的坏账风险。话费是电信运营商用户存在手机账号里面的钱，但是以话费的形式存在。在结算时，会有多种情况影响到手机游戏公司的收益，如用户离网形成话费欠费，又如用户投诉不认可自动扣费，再如有非法团体规模化地套取话费等，都会造成收益坏账。

二是话费托收信任度低。说起话费托收信任度的问题，要追溯到 2000 年前后，电信运营商开始经营增值业务。增值业务其实是依附在电信通信基础功能上的附加服务的总称。比如手机彩铃就是一种典型的增值业务。但是运营商自己并不提供该类业务，而是由大量的服务提供商/内容提供商公司来提供服务，电信方进行监管和话费托收。但由于监管不到位再加之服务提供商/内容提供商在发展业务时不择手段，往往形成很多用户在不知情的情况下被强行绑定增值业务，产生高额话费。

四、游戏内购商业模式

（一）游戏内购商业模式现状

游戏内购是目前最为广泛采用的手机游戏商业模式，游戏内购多数依托于手机操作系统构建的交易平台。[①] 游戏内购的商业模式更准确地说，应该叫作程序内购买（In-App Purchase，IAP），这是一种智能移动终端应用程序付费的模式，在苹果 iOS、谷歌 Android、微软 Windows Phone 等智能移动终端操作系统中都有相应的实现。IAP 给用户支持各种不同的商业模型提供了灵活性。用户可以在程序内给客户提供附加的服务和内容。在游戏中客户需要付费以进行更高级别的体验。在一个通用的城市地图程序中，用户可以按照选择的城市来付费。这种新的能力带来了很多商机。

打开微信中非常火爆的"天天爱消除"，如图 7-7 所示，当表示体力的红心用完之后，就会弹出对话框提示用户，如果想要马上继续游戏，可以通过游戏内的商店购买红心；当用户的好友排名总是停滞不前时，就会弹出对话框提示，如果想要超越好友，可以通过游戏内的商店购买道具，可以大大提升用户的游戏成绩。这只是一个游戏内购最简单的案例，在很多大型游戏中，游戏内购也会变得更加复杂和丰富。有的可以购买装备、购买虚拟货币、购买相关的服务等，总而言之就是可以满足用户通过游戏获得喜悦感的全部要求。

---

① 杨磊. 数字媒体技术概论 [M]. 北京：中国铁道出版社，2017：90.

图 7-7 "天天爱消除"内购界面

软件内购模式是目前众多游戏厂商所普遍采用的模式,这也是移动互联网时代、手机游戏时代标志性的商业模式。

(二) 游戏内购商业模式优劣势分析

作为目前最普遍采用的商业模式,游戏内购模式确实具有很大的灵活性,也同时兼顾了用户的体验感。

1. 优势

一是 IAP 模式可以提供丰富的服务体验。IAP 在不断的发展过程中,逐渐地进化出更丰富的服务模式,其中,用户无须离开软件,便可无缝升级软件功能或扩充内容。这大大地提升了用户连贯的游戏体验,同时也不会因为退出后损失游戏的活跃度。IAP 支持付费后下载,所以可以有效地防止盗版。开发者无须额外推出试玩版本游戏,直接在免费版本中加入 IAP,允许用户付费升级即可,节约开发成本。同时,这种模式将体验式营销与付费下载完美地结合在一起,即拥有了用免费吸引用户、用后付费获得收益两种商业模式。开发者可以无限推出某个 App 的内容扩展,同时保证持续的收入。即可以无限制地加入游戏道具、游戏场景等,将一款游戏的收益最大化。IAP 的出现形式多种多样,多见于打开某功能、下载新游戏地图、解锁软件中的新内容等。IAP 模式提供了足够多的游戏内购方式和方法，可以满足游戏开发者各种需求。

二是游戏内购可以有效地抑制盗版。单机游戏采用了游戏内购模式后，就会比较频繁地与用户发生互动，通过这种互动就可以用联网的技术手段检查游戏版本合法性。如果检测到盗版用户，就不能继续使用游戏了。另外，也只有通过官方正式的版本，才能够正常购买游戏内容，这就大大降低了程序被篡改、植入恶意程序等问题。

三是产生收益快。既然游戏内购模式具备了免费模式和付费下载模式的双重优势，那么在产生收益方面比较接近付费下载的模式。只是需要经历一个用户的体验期，当体验期一过，用户形成游戏内购消费的同时，游戏公司就可以获得收益的分成。

游戏内购商业模式在很多方面具有领先性，其主要原因也是在这种商业模式的设计过程中，充分考虑了现阶段以及最主要游戏消费群体的需求特征和习惯。既保留了免费体验带给用户的原始冲动，又兼顾了移动互联网时代的体验营销，同时还能够满足游戏开发者的收益需要，充分满足了多方面的需求。

2. 劣势

游戏内购的商业模式仍然存在一些劣势。

一是收费导向破坏游戏体验。游戏内购的商业模式会给游戏开发公司带来一种潜移默化的导向性影响，即开发会围绕着怎样能够获得更高的内购收益而开展。这就会对有些游戏的平衡性和体验造成很大的影响。花了钱的用户和不花钱的用户会有巨大的差异，这会造成游戏内的严重失衡，损失一部分可能会长期游戏的活跃用户。也有的游戏，在内容上不做限制，也就是说即使用户不花钱也能够拥有全部的游戏内容，但是难度却会提高几倍、几十倍，花费的时间和精力也会成倍地提升，游戏开发公司就是以这样的手段来促使用户不得不进行游戏内购。长此以往，更多的游戏公司会渐渐偏离"内容为王"的开发导向，很可能会对整个手机游戏产业的发展造成一定影响。

二是依然受到"越狱"等黑客手段影响。游戏内购会使用户通过金钱获得与其他用户更大的差距，这就激发了更多的黑客对内购游戏进行破解的原动力。特别是在 iOS 平台，"越狱"后的手机安装破解过的内购模式手机游戏，就可以轻松获得巨量的虚拟货币、游戏装备等，这种情况也就加快了一款游戏的消亡速度。

总之，游戏内购的商业模式是一柄"双刃剑"，既满足了多方面的需求，加大了手机游戏的收益，同时也更加缩短了手机游戏生命周期，加速了很多游戏大作的消亡速度。

第三节　移动游戏发展中存在的问题与建议

一、移动游戏发展中存在的问题

当前，移动游戏发展中主要存在以下问题。

（一）手机终端平台不统一

目前，手机游戏并没有一个统一的业界标准，游戏开发商推出的游戏只能在特定的平台上运行，如 iOS 游戏无法在 Android 平台上运行。手机平台的不统一，也使游戏在各种机型中的并存以及联机存在很大阻力。终端的标准化程度低、业务互通性差，极大地增加了网游运营商的开发和运营成本，这将阻碍手机网游的发展。

（二）游戏人才严重不足

如果要在游戏内容制造领域跟上国际先进水平，我国企业还需要大量人才，但目前我国游戏设计人才严重不足，能在移动网络平台上开发游戏的人才更显匮乏。手机游戏服务商们面临着严峻的人才挑战。

（三）手机电池容量的限制

大型手机网络游戏不但对手机存储能力及空间的要求高，而且也要求电池的电力足够强大，而目前手机电池的发展远远落后于手机本身技术的发展，手机电池的续航能力也是一大软肋，所以从硬件支持来说，手机电池容量问题也成为手机制造商面临的紧迫问题。

二、移动游戏的发展建议

目前，我国移动游戏正处于转型上升的阶段，无论是一直从事移动游戏的企业，还是顺应移动互联网浪潮加入的新型企业，面临的同质化问题依旧严峻，上升渠道成本也是成为厂商头疼的问题。移动游戏如何在繁复的竞争环境下站稳脚跟，不断前行，需要注意以下四点。

（一）在产品研发上，应加强自身修炼，提高产品品质

在移动游戏发展的前期，由于市场的浮躁环境，抄袭、产品"换皮"是较为常见的手段，但是近几年的产品同质化严重，消费者对于移动游戏愈加不买账的现状已经给了市场最好的教训。无论是"愤怒的小鸟"还是"植物大战僵尸"这样成功的产品，都是经过长时间的酝酿才能够获得最后的成功。

（二）在产品内容上，应立足终端属性，强调差异化

虽然业内普遍看好移动游戏的前景，但是回顾目前既有口碑又有收入的游戏可以发现，"捕鱼达人""割绳子"等休闲类的游戏是利用了移动终端的触控技术，付费点都设计得比较浅，用户的付费反而比较高涨。目前移动终端的触摸技术、交互技术、移动的位置，都是需要重视并且挖掘的。这才是移动游戏区别于其他 PC 游戏的核心价值。

（三）产品运营商应建立必要的数据分析体系

在网络限制、支付限制的门槛都逐渐消失的今天，如何使自己的企业转型，怎么去寻找到合适的 iOS、Android 平台用户喜欢的游戏，怎么投放有限的推广资源，都需要一个完整有效的数据分析体系，分析环节的价值需要在运营中再次挖掘。

（四）在推广渠道上，应多点开花，有层次发力

目前，移动游戏的推广费用攀升已经成为不争的事实。因此，保证推广的质量，远胜于单纯追求用户数。选择协调、稳定的渠道同时发力，放弃同一个渠道短时间内的疯狂冲量；根据自身产品特点，依靠数据推广，放弃凭空想象，在实际运营中总结有效经验，不失为推广的有效办法。

参考文献

[1] 白东蕊,岳云康.电子商务概论[M].北京:人民邮电出版社,2019.

[2] 陈澄波,张雷.移动学习企业培训的"风口"[M].北京:机械工业出版社,2015.

[3] 陈玉文.医药电子商务[M].北京:中国医药科技出版社,2019.

[4] 程向仅.移动电子商务应用研究[J].合作经济与科技,2017(19):82-84.

[5] 程晓,文丹枫.从电子商务到智能商务"智能+"时代商务数字化进阶之路[M].北京:经济管理出版社,2019.

[6] 邓朝华.移动医疗环境下医患信任研究[M].北京:科学出版社,2022.

[7] 杜玮.移动电子商务应用模式分析——基于互动营销视角[J].商业经济研究,2019(9):76-79.

[8] 郭慧馨,葛健.移动互联时代大数据对供应链整合营销的影响研究[M].北京:中国财富出版社,2019.

[9] 何军红.移动购物中消费者持续意愿的影响因素研究[M].北京:科学出版社,2019.

[10] 姜子.企业移动互联网转型解决方案[M].北京:人民邮电出版社,2016.

[11] 黎文锋.移动设备媒体娱乐新主张[M].北京:清华大学出版社,2012.

[12] 李芬娟,易海峰,朱艳清.电子商务应用实务[M].南昌:江西高校出版社,2019.

[13] 李烽.网络视阈下现代企业的移动电子商务应用[J].现代营销(下旬刊),2020(9):184-185.

[14] 李立威,王晓红,李丹丹.移动商务理论与实务[M].北京:机械工业

出版社，2019.

[15] 李楠，陈光．移动电子商务的应用模式及相关问题阐述［J］．太原城市职业技术学院学报，2017（7）：165-166.

[16] 李青．移动学习设计［M］．北京：中央广播电视大学出版社，2015.

[17] 李小华．移动医疗技术与应用［M］．北京：人民卫生出版社，2015.

[18] 李晓珊，盛钺．移动医疗与服务设计［M］．北京：人民交通出版社，2020.

[19] 李跃贞，黄建莲．电子商务概论［M］．3版．北京：机械工业出版社，2019.

[20] 刘德寰，陈华峰，任东瑾．透视电商网络购物消费者研究［M］．北京：机械工业出版社，2013.

[21] 刘桓．"互联网+"时代的电子商务研究［M］．长春：吉林人民出版社，2019.

[22] 刘喜敏，刘爽英．移动电商基础与实务［M］．长春：东北师范大学出版社，2019.

[23] 刘洋．移动购物中消费者行为影响机理研究［M］．长春：吉林大学出版社，2019.

[24] 刘禹．我国移动电子商务应用模式研究［J］．大众投资指南，2019（18）：52.

[25] 罗桂琼．高校移动学习平台的设计［M］．长春：吉林美术出版社，2018.

[26] 马海峰．移动电子商务应用［M］．成都：四川科学技术出版社，2019.

[27] 马莉婷．电子商务概论［M］．北京：北京理工大学出版社，2019.

[28] 曲翠玉，毕建涛．电子商务理论与案例分析微课版［M］．2版．北京：清华大学出版社，2019.

[29] 任彦卿．基于移动学习系统的大学英语教学研究［M］．长春：吉林人民出版社，2019.

[30] 宋超．移动商务系统开发［M］．重庆：重庆大学出版社，2019.

[31] 宋磊，陈宇，李捷，等．移动电子商务［M］．北京：北京理工大学出版社，2019.

[32] 谭宗燕．基于移动学习的大学英语课程设计研究［M］．长春：吉林出版集团股份有限公司，2020.

[33] 唐运思. 移动电子商务 [M]. 长春：吉林大学出版社，2019.

[34] 汪天富. Android 移动医疗应用开发 [M]. 北京：电子工业出版社，2020.

[35] 王建宙. 移动时代生存 [M]. 北京：中信出版社，2014.

[36] 王林作. 移动购物行为及其执行意向机制研究 [M]. 上海：上海交通大学出版社，2021.

[37] 文丹枫，韦绍锋. 互联网+医疗移动互联网时代的医疗健康革命 [M]. 北京：中国经济出版社，2015.

[38] 吴岚萍，孙润霞，徐斌华. 移动电子商务 [M]. 成都：电子科技大学出版社，2019.

[39] 夏丽雯，张敬，李辉熠. 基于数字媒体技术的移动学习设计与优化 [M]. 重庆：重庆大学出版社，2020.

[40] 熊艮华. 移动电子商务的应用研究 [J]. 消费导刊，2015（4）：220.

[41] 徐永良. 基于移动 Agent 的智能购物系统的研究与实现 [M]. 无锡：江南大学出版社，2010.

[42] 许小媛，王银媛. 电子商务技术及应用 [M]. 北京：国家开放大学出版社，2019.

[43] 杨立钒，杨坚争. 电子商务基础与应用 [M]. 西安：西安电子科技大学出版社，2019.

[44] 叶健明. 移动电子商务应用与发展趋势探究 [J]. 中国高新区，2017（7）：122.

[45] 曾静平，牛继舜，李莉. 网络购物产业 [M]. 北京：北京邮电大学出版社，2015.

[46] 张春艳. 终身学习时代背景下的英语移动学习 [M]. 长春：东北师范大学出版社，2018.

[47] 张剑. 高校图书馆移动学习支持服务研究 [M]. 大连：辽宁师范大学出版社，2019.

[48] 张丽华. 电子商务概论 [M]. 北京：经济管理出版社，2019.

[49] 张润彤. 电子商务 [M]. 北京：科学出版社，2019.

[50] 张巍，吴勇，傅治. 电子商务运营实务 [M]. 上海：上海交通大学出版社，2019.

[51] 赵衡，孙雯艺. 移动医疗 [M]. 北京：机械工业出版社，2014.

[52] 赵玉明，侯新华，李丽. 电子商务概论［M］. 南昌：江西高校出版社，2019.

[53] 钟元生. 移动电子商务［M］. 上海：复旦大学出版社，2012.

[54] 周曙东. 电子商务概论［M］. 南京：东南大学出版社，2019.

[55] 朱张祥. 多理论视角下的移动医疗用户采纳与使用转移行为研究［M］. 长沙：湖南科学技术出版社，2019.

[56] 祝凌曦. 电子商务安全与支付［M］. 北京：人民邮电出版社，2019.